アールツ教授講演会録 2

中世ヨーロッパの医療と貨幣危機
ある君主の検屍報告と貨幣不足問題の分析

エーリック・アールツ

藤井美男［監訳］

九州大学出版会

序

　本書は，カトリック・レウヴェン大学（Katholieke Universiteit LEUVEN）のエーリック・アールツ（Erik AERTS）教授による講演の邦訳である。同教授の来福はこれが2度目となる。前回と同様，九州大学経済学部の国際学術交流振興基金による招聘事業としてお招きした。最初の来福は2004年10月末で，あの新潟中越地震の災厄が発生した時期とも重なり，忘れ難い記憶となっている。その際は3度の講演をお願いした。その内容は，講演会録として後日拙訳（『中世末南ネーデルラント経済の軌跡──ワイン・ビールの歴史からアントウェルペン国際市場へ──』九州大学出版会, 2005年）を上梓することができた。

　最初の訪日の際，まだまだ話したいことはあるということだったのだが，いかんせん時間的余裕がなく，再度の招聘を約すのが精一杯であった。ベルギーの大学も近年は諸般多事で，しかもアールツ教授は国際学会等でひっぱりだこという状況のため，その後なかなか御招待することがかなわなかった。そうするうちにようやく，2009年4月初旬であれば何とか時間が取れるというお返事をもらうことができ，4年半ぶりに約束が実現することとなった。前回の経験から早めの準備が肝要と考え，2008年秋頃には原稿依頼などを開始し，周到な事前協議を重ねた上で2009年4月初旬，予定通り2つの講演会を開催する運びとなったのであった。日程を整理すれば以下の通りである。

　　第1講　日時：　4月8日（水）午後3時～5時30分
　　　　　　場所：　九州大学文学部4階会議室
　　　　　　演題：　フィリップ・ド・サン・ポールはなぜ死んだか──
　　　　　　　　　　15世紀前半ブラバント公宮廷の医療──　（原題：Medical care at
　　　　　　　　　　the Brabant-Burgundian court around 1430 ‒ Illness and death

of duke Philip of Saint-Pol−）
第2講　日時：　4月11日（土）午後3時〜5時30分
　　　　場所：　九州大学経済学部2階209演習室
　　　　演題：　中世後期ヨーロッパに貨幣不足の危機はあったか（原題：The European monetary famine of the Late Middle Ages）

　第1講（本書第I章）は，14世紀末から15世紀前半にかけて，影響力の強いブルゴーニュ公家の縁戚にあたるブラバント公家で，将来を嘱望された青年期の公フィリップ・ド・サン・ポールが，1430年夏に婚礼準備を前に突然死去するという事態とその前後の顛末を描いた力作である。屈強そうに見えた君主の想定外の逝去によって，毒殺の噂が広まる。こうした風評は中世ヨーロッパではよく見られた現象だという。そこで，検屍が行われることとなった。アールツ教授は，検屍解剖記録や宮廷官房長の会計記録といった良好に伝来する史料群を丹念に読みほどくことによって，毒殺ではなく，死因は胃潰瘍か胃ガンであったことを結論づける。本章では，単なる死因追究ではなく，遺骸の防腐処理工程まで詳細に跡づけた点に留意すべきであろう。浅学な訳者の知見外ではあるが，史料に忠実かつ社会史的な分析という点で，医療史の分野でも本論考は独自の地位を占めるのではないかと想像する。
　第2講（同第II章）は，ヨーロッパ中世後期の貨幣不足という現象に論及したものである。同時期ヨーロッパ全体を覆うほどの社会・経済的停滞があったという点については古くから知られている。それは，飢饉，黒死病，百年戦争といった社会不安，人口減少，農業不況，商業停滞といった経済的後退に彩られている。また，都市と農村への影響の相違など，論点は多岐にわたっている。そうした個々の現象の因果関係に関する学説史については，本講前半で著者自身の見事な整理があるのでそちらに譲るが，ここでの主たる課題は，貨幣論的接近による不況の原因究明にある。$MV=PT$というフィッシャーの方程式のうち，左辺に注目し，Mすなわち貨幣ストックが中世後期には失われてしまったこと，また，Vすなわち貨幣の流通速度が，相殺する要素を越えるほどに低下したことを明らかにする。そうして，ヨーロッパの多くの地域で14世紀後半から15世紀半ばにかけて貨幣の総量が減少し，それが

経済的収縮の要因となったことを結論づけるのである。

　本書も前訳書の基本方針を踏襲し，かなりの意訳を意識しながらなるべく読み易い邦訳を心がけた。とはいえ，第Ⅰ章は医学・薬学・植物学に由来する難渋な用語が頻出し，訳出作業の停滞もしばしばということを経験した。第Ⅱ章も，訳者の能力を超えた金融の理論的な記述が多く，実のところ，アールツ氏に直接文意をただしてようやく理解できたところも少なくない。それでも両論考の翻訳においてなお誤りがあり得ることを覚悟している。大方の御批判と御叱正を待ちたい。

　末尾に補遺として，アールツ教授自身の旧稿を掲載した（初出は，E. AERTS, "Der Geldumlauf der Burgundischen Niederlande in der Mitte des 15. Jahrhunderts. Ein Quantitativer Versuch," in M. NORTH (ed.), *Geldumlauf, Währungssysteme und Zahlungsverkehr in Nordwesteuropa 1300-1800. Beiträge zur Geldgeschichte der späten Hansezeit,* Cologne, Vienna, 1989, pp. 25-44)。これは，後述の「日本語版への序文」にある通り，15世紀半ば前後にヨーロッパで貨幣ストックの減少があったことを伝来史料から推計，検証する意図を持った論考で，第Ⅱ章での議論を補強する内容となっている。訳者の能力不足と時間的な問題から邦訳を断念したが，アールツ教授自身による英文要約も付されているので，意欲的な読者には是非御一読を願う。

　アールツ氏も私も桜の咲く良い時期と想定していたのだが，2009年春は暖かく，予想外に早く桜が散り始めた。満開の時期が過ぎてしまう，と少々焦りもした。しかし幸いなことに，福岡市内外でも何とか名残桜を愛でることができ，御夫妻には季節を楽しんでもらうことができた。

　講演会両日ともに，年度初めという多忙な時期にもかかわらず多数の御参加を得，質疑応答も充実したものとなったように思う。同時通訳の能力不足を補って余りある皆様の熱意に，一々お名前を挙げることは控えるが，出席頂いた方々に厚く御礼申し上げる。

　また，第1講の開催を快く引き受けて下さった九州大学西洋史学研究室の神寶秀夫，山内昭人，岡崎敦の諸先生方，並びに学生の皆さんに感謝したい。さらに，経済史分野をはじめとして，経済学研究院の皆様方からの御協力に

も厚く御礼申し上げる次第である。経済学府大学院生の高橋裕悠，田中伸明両君には講演会当日のみならず，設営準備等々で協力を得ることができ，心から感謝している。

　上記講演会の開催および本訳書は，いずれも九州大学経済学部国際学術交流振興基金の助成金によって実現した。また本書刊行に当たっては，九州大学出版会永山俊二編集部長に大変お世話になったことを最後に記したい。

監訳者記す（2009年9月箱崎にて）

* 本書の刊行に当たっては，平成21年度九州大学経済学部国際学術交流振興基金の助成を受けた。

日本語版への序文

　友人藤井美男氏の招待で2004年10月に初めて日本を訪れた時，一つ残念に思ったことがあった。桜の季節でないということである。そうした様子を見て彼は私に，きっとまた来日の機会があるといって慰めてくれた。それをよく覚えている。「私にはっきり分かることは，何も確かなものはないということだ」。フランスの詩人フランソワ・ヴィロン(1431-1463)はそう詠じる。確かに人生の先は殆ど見通すことができない。ベルギー最大の大学で重要な研究の主任を務める私には，とりわけ，日々の学究生活がてんやわんやの忙しさで時間のゆとりがなく，しかも，ベルギーと西南日本との距離はあまりにも大きい。とはいえ，この間藤井氏の言葉を忘れたことはなかった。いやそれどころか，再び九州大学から講演の依頼が届いたとき，あの時のすばらしい滞在記憶がまざまざと蘇ったのである。今回も私の講演は日本語に翻訳されて行われた。そこで5年前と同様，その内容を日本語で出版する機会を得ることになった。

　本書に収められた3編の論考は，いずれもヨーロッパ史において私が専門とする時代と内容を伴っている。つまり，中世後期，あるいは高名なあのオランダ人史家ヨハン・ホイジンガの刻んだ言葉で言えば「中世の秋」と称される時代である。今日なお多くの歴史家は，ヨーロッパの14世紀から15世紀前半を停滞や不況の時期と捉えている。第二次大戦後，いわゆる新マルサス＝リカード学派は，この低落期を二相局面の変動を基礎として説明してきた。それによれば，第1局面では人口増大が限界生産力の低下を伴いつつ貧地開墾を促し，それが土地と食料の価格を上昇させ，名目賃金を引き下げた。実質所得の低下と貧困の拡大，栄養不良が始まり，それらは当然に急激なマルサス的停止——1316年の飢饉と1348年の疫病に端的に示される——へと導いた。その後すぐに第2局面が始まる。その特徴は，人口減少による労働

力の相対的希少性，そして対照的な土地と食糧の相対的余剰である。やがて，価格の下落と賃金の増大により人口は再び上昇基調となる，というものである。

マルクス派は，新マルサス＝リカード学派による上記の生態系的恒常性の議論を否定する。マルクス主義的歴史家は，同じ人口の動きでも場所と時代が異なるとなぜ違う結果が生じるのか，を指摘する。そして，経済発展をもたらすのは，階級関係が導く剰余の搾取関係という社会的本性に他ならない，と強調するのである。本書第Ⅱ章として収められた中世後期の貨幣不足に関する私の議論は，これら2つの有力な理論が一般的妥当性を持つかどうかということに重点を置いたものではない。そうではなく，当該時期の大不況について，貨幣論的接近が可能であるということを示そうとしたものである。そしてそこで，貨幣数量説，より詳しく言えばフィッシャーの交換方程式を理論的支柱とすることが可能なことを提示することができた。この観点に基づくならば，中世後期の経済収縮は貨幣のストックと流通速度双方の減少によっても引き起こされたことが分かる。また同時にそれらは価格や取引をも減退させた。もともとの言葉の意味からする飢饉は，貨幣の飢饉をも伴っていた。人々は飢え，死んでいった。貨幣もまた同様だったのである。

14世紀および15世紀の大部分を通じて，ヨーロッパで貨幣供給の急激な落ち込みがあったという事実は，今日ほとんどの歴史家の共通認識となっている。しかしながら貨幣供給量という場合，その証拠の大半は，実は造幣所に残された史料から得られる推計値に過ぎない。当然ながらそれは正確な造幣の統計値ではない。貨幣の流通量と造幣量との間になぜ大きな相違があるのかということは，多くの変数が説明してくれる。造幣所ではしばしばコインの再製造が行われたが，それは旧貨の再使用が大半であるため，流通量を増加させることはなかった。造幣所の記録は，流通から引き上げられた貨幣量や，貨幣の平均使用年数あるいは外来貨幣の量などについては何も語ってくれない。流通している貨幣量の推計がこうした不完全さを補うかも知れない。ブルゴーニュ期ネーデルラントについてそうした推計を思い切って試みたのが，末尾に補遺（Appendix）として掲げた論考である。この論文は，実は20年ほど前にドイツ語で私が発表したものだが，若干の加筆修正を施し

て今回ここに掲載させてもらうことにした。その中では，蓄蔵貨幣に関する史料と特定タイプの造幣記録とを組み合わせて検証を行っている。そしてその結果，貨幣ストックの総価値が減少したことが明らかとなり，そのことは1440年から1470年頃にかけて貨幣不足があったという議論を支持する結論を導いたのである。

　中世ヨーロッパにおいて貨幣は極めて重要なものである。フランス人史家マルク・ブロック（1886-1944）ほど，そのことをよく理解していた研究者はいないだろう。彼はドイツ軍に銃殺される直前，次のように記している。「貨幣のもたらす諸現象は，我々の経済生活を規定しており，経済生活の原因でもあり結果でもある」。また同じくフランス人中世史家で元文書館長だったジャン・ファヴィエは更に踏み込んで次のように言う。「その他の時代と同様中世においても，金融というものはすべての基盤となり，すべてを条件付け，すべてを反映している」。

　しかし世にはもっと重大なものもある。それは「死」である。本書第 1 講として収載されているのは，青年期の公フィリップ・ド・サン・ポールの最期の日々についてで，それは1430年夏の出来事であった。生前彼はブラバント公領を統治しており，その地は当時ネーデルラントで重要な領邦を形成していた。現在では，ベルギーのフランドルとワロン双方のブラバント州およびアントウェルペン州を合わせ，オランダの北ブラバント州を含む地域である。若く健勝に見えた公の突然の死は，側近たちに毒殺の疑念を生じさせた。従兄弟に当たる強力なブルゴーニュ公がブラバント公領を相続する可能性があっただけに，なおさらそうであった（当時急速に成長を遂げつつあった，アントウェルペンの港と年市の存在を想起せよ）。しかしながら，検屍が行われ，その結果自然死という結論が下された。若き公フィリップの死因は，胃潰瘍か胃ガンあるいはその両方であった。本論では，ネーデルラントの医療史でも最も早期かつ詳細な検屍報告書を用いることで，患者の容体や医療処置そして死後の防腐工程について細かく描写することができた。それゆえこの論文は，末期中世という魅力的な時代における，薬学および解剖学的知見の改善に貢献すると信じている。

* *

　多くの人々の助力なくして，日本への訪問と本書の刊行はあり得なかった。まず，九州大学教授の藤井美男氏に感謝したい。彼は長年にわたり良き友人であり，私の再度の福岡訪問に際して多大な協力を提供してくれた。同時に，英語で書かれた2つの講演原稿を日本語訳するとともに，それらを一書として出版する際に必要かつ成すべき様々なことがらに尽力してくれた。また，彼とその家族の案内による博物館などでの歴史的探訪は完璧といってよく，わくわくするほど楽しいものだった。5年前と同様，講演会開催と本書出版に際して，九州大学経済学部の国際学術交流振興基金から多大の助成を受けることができた。同基金と経済学研究院への謝意も表したい。

　九州大学大学院人文科学研究院の神寳秀夫，山内昭人，岡崎敦のお三方には西洋史学研究室で前回と同様手厚いおもてなしを受けた。また幾人もの学生諸君を紹介して下さった点も含めて，深く感謝する次第である。更に次の方々——京都女子大学の山田雅彦氏，西南学院大学の花田洋一郎氏，宮崎大学の中堀博司氏，名古屋学院大学の名城邦夫氏，下関市立大学の櫻木晋一氏，熊本大学の丹下栄氏——と行った講演会とその後の熱い会話を今も忘れることができない。講演会に参加して下さった九州大学出版会の永山俊二氏には，同出版会からの再度の講演会録刊行をお奨め頂いた。その結果が本書である。

　最後となったが，九州大学名誉教授の森本芳樹氏に心より感謝の意を捧げる。森本氏には講演会で有用なコメントと助言を頂いたが，それだけではない。御邸宅に私共を招いて下さり，ベルギー人研究者に対する伝統的なもてなしを成就して下さったのである。森本氏の案内で，妻と私は近くの美しい田園風景の中，神社・仏閣をめぐって歩き，春のうららかな午後を満喫することができて幸せであった。

*
* *

　2度めの講演滞在でついに私は満開の桜に出会うことができた。しかも，桜前線の北上という現象も実感した。日本の文化において，繊細な桜花が儚い人生の象徴となっているとすれば，上述したような貨幣の本性が本書で描

き切れていることを切に願うばかりである。

エーリック・アールツ
2009 年夏
Begijnendijk にて

＊表紙絵図の使用に際して多大な助力を頂いた Ann Kelder 氏に特別な感謝を捧ぐ。

目　　次

序 ……………………………………………………………………… i
日本語版への序文 …………………………………………………… v

第Ⅰ章　フィリップ・ド・サン・ポールはなぜ死んだか ………… 1
　　　　── 15世紀前半ブラバント公宮廷の医療──
　1．はじめに ……………………………………………………… 1
　2．若き公太子の横顔 …………………………………………… 5
　3．死因に関する疑惑 …………………………………………… 8
　4．医療と患者 ……………………………………………………13
　5．検屍による解明 ………………………………………………19
　6．防腐処理とその理由 …………………………………………29
　7．結　　論 ………………………………………………………37

第Ⅱ章　中世後期ヨーロッパに貨幣不足の危機はあったか ………41
　1．中世後期の危機およびその要因としての貨幣不足 ………41
　2．14〜15世紀貨幣危機説に関する学説史的検討 ……………45
　3．貨幣不足に関する諸見解 ……………………………………49
　4．貨幣ストックに関わる議論 …………………………………54
　5．流通速度の問題 ………………………………………………57
　6．貨幣不足の歴史 ………………………………………………63
　7．結　　論 ………………………………………………………69

APPENDIX

Der Geldumlauf der Burgundischen Niederlande in der Mitte des 15.
Jahrhunderts. Ein Quantitativer Versuch ································· 71
   English Summary ·· 71
   1. Einleitung ·· 73
   2. Das Schätzverfahren ··· 75
   3. Welche Quellen werden benötigt? ···································· 75
   4. Über welche Daten verfügen wir? ··································· 76
   5. Resultate und weitere Korrekturen ·································· 81
   6. Der geld- und wirtschaftshistorische Zusammenhang ·········· 83

中世後期ブラバント公領と都市

第 I 章

フィリップ・ド・サン・ポールはなぜ死んだか
―― 15 世紀前半ブラバント公宮廷の医療 ――

1. はじめに*

　歴史家は，これまで歴史的に重要な人物の最期について十分な探求を行ってきた。20 世紀に至るまで死は，司祭や医者，家族と近親者，友人と知人，そして死者が政治的影響力のある人物ならば，多くの有力者が礼式として参加する公けの儀式であり，まさにスペクタクルであった。しかもそれは，死に臨む当人自身によって準備されることもあった[1]。そうした際には「葬儀の手引」（ars moriendi）が利用されたことであろう[2]。死の床そばに，あるいはひしめきあった部屋の手前に証人として列席した人々は，死者のいまわの際について細かに話すことになっていた。というのも，「良い死に方」のお手本と啓蒙が重要視されたからである[3]。しかし，実はこの臨終の状況や経過については細かなことはあまり分かっていない。他方，考古学，より厳

---

* 本論考執筆に際し，注 81 で引用する検屍報告書の解釈および薬草類の比定に多大な協力を頂いた，シリール・フリースハウエル Cyriel Vleeschouwers 博士に心から感謝の意を表する。

1) Philippe Ariès, *Western Attitudes toward Death. From the Middle Ages to the Present,* trans. Patricia Ranum (Baltimore, 1974), chapter II; Murielle Gaude-Ferragu, *D'or et de cendres: La mort et les funérailles des princes dans le royaume de France au bas Moyen Âge* (Villeneuve d'Ascq, 2005); Christopher Daniell, *Death and Burial in Medieval England 1066-1550* (London, New York, 1997), p. 37.

2) これら「葬儀の手引」に関する文献については以下を参照されたい。Erik Lips, "Sur la popularité de l'Ars moriendi aux Pays-Bas (1450-1530)," *Revue du Nord* 70, 278 (1988), pp.489-500; Ryszard Groń, "Examples of Good Death, in Ælred of Rievaulx," *Cistercian Studies Quarterly* 41, 4 (2006), pp.421-441; Nigel F. Palmer, "Ars moriendi und Totentanz: Zur Verbildlichung des Todes im Spätmittelalter. Mit einer Bibliographie zur Ars moriendi," *Tod im Mittelalter*, eds. Arno Borst a.o., Konstanzer Bibliothek 20 (Konstanz, 1993), pp. 313-334.

3) Elizabeth A.R. Brown, "On 1500," *The Medieval World*, eds. Peter Linehan and Janet L. Nelson (London, New York, 2001), p. 695.

密に言うと古病理学のおかげで，我々は時に有名無名を問わず[4]，ある人物の死亡原因について観察可能なことがある[5]。とはいえ，有名人についてでさえ，死装束をまとった人物の死亡理由について，詳しいことは殆ど謎のままなのである。よく知られた例として 1821 年のナポレオンの死亡が挙げられる。1962 年，世界的に有名なオランダ生まれのイスラエル人医学研究者 J.J. フルーンが，彼の死因は放置された胃の腫瘍だったと発表して 1 世紀半に及ぶ論争に終止符を打とうとした[6]。しかしながらこの診断は，スウェーデンの毒物学者ステン・フォーシュフットを納得させず，彼は 60 年代初めからナポレオンはヒ素中毒だったとの確信を抱き続けたのである[7]。2005 年 5 月，国際医療チームはヒ素中毒説を否定し，ナポレオンは「進行した胃の悪性腫瘍」つまり胃ガン[8]で死亡した，と主張した。恐らくこれをもってしても，最終結論とはならないであろう。

以下で考察するのは，このボナポルトほど知られた人物ではない。中心と

---

4) Paul A. Janssens, "De identificatie van de hertogin Maria van Bourgondië. Antropologisch en paleopathologisch onderzoek van de beenderresten uit het centrale graf in de Onze-Lieve-Vrouwekerk te Brugge," *Verhandelingen van de Koninklijke Academie voor Geneeskunde van België*, 43 (1981), pp.213-217; Kristien Mulier, "De opgraving en de identificatie van de gebeenten van de Brabantse hertogen en hun verwanten (1929-1935)" *Mededelingen van de geschied- en oudheidkundige kring voor Leuven en omgeving* 22 (1982), pp.16-42; Karel Nelis, Aloïs Nelis, Albert Lacquet and Kristien Mulier, "Identificatie van de eerste hertogen van Brabant. Anatomo-historische studie," *Verhandelingen Koninklijke Academie voor Geneeskunde van België* 54, 5 (1992), pp.413-518.

5) Peter Bitter, "Begraven onder de zerken," *De Sint Laurens in de steigers. Bouwen, beheren en restaureren van de Alkmaarse Grote Kerk*, eds. Peter Bitter, Leo Noordegraaf a.o., Alkmaarse Historische Reeks, XI (Hilversum, 2002), pp. 101-223; Caroline Polet and Rosine Orban, *Les dents et les ossements humains. Que mangeait-on au Moyen Âge? Typologie des sources du Moyen Âge occidental*, 84 (Turnhout, 2001); Francesca Vannozzi, "'Tumor, dolor, febris …' e le cause di morte nella Siena medioevale," *Bullettino senese di storia patria* 110 (2004), pp.506-524.

6) Joannes Juda Groen, *La dernière maladie et la cause de mort de Napoléon. Étude psychologique, historique et médicinale* (Leiden, 1962), p. 89, p. 144.

7) Ben Weider and Sten Forshufved, *Assassination at St. Helena revisted* (New York, 1995).

8) Alessandro Lugli, Inti Zlobec, Gad Singer, Andrea Kopp Lugli, Luigi M. Terracciano and Robert M. Genta, "Napoleon Bonaparte's gastric cancer: a clinicopathologic approach to staging, pathogenesis, and etiology," *Nature Clinical Practice Gastroenterology & Hepatology* 4 (2007), pp.52-57. 全文は以下のウェブサイトで自由に閲覧可能である。http://www.nature.com/ncpgasthep/journal/v4/n1/full/ncpgasthep0684.html

なるのは中世後期の若き君公ブラバント公フィリップ・ド・サン・ポールである。その短い人生において，彼はそれほど記憶に残る出来事を残したわけではない。しかし，その予期せざる病弊で公領内外に動揺を引き起こしたことで知られる。そして，その死もブラバント公領の歴史に全面的変化を呼び起こしたのであった。というのも，彼の死亡によって，ブラバント公家の直系が途絶え，この領地は――急速に成長しつつあるアントウェルペン港湾都市とともに[9]――第3代ブルゴーニュ公フィリップ・ル・ボンの手に落ち，「西方の大公」(le grand duc du Ponant) と呼ばれた大人物の支配地へ組み込まれてしまったからである。

以下で我々は，1430年晩夏に激動を告げることとなる出来事を，医療の面から詳細に見てゆく[10]。主な目的は，ブルゴーニュ複合国家へと編入される直前のブラバント公宮廷に，どのような医学的知識があったかを考察することにある。考察に当たって依拠するのは，死の床にあった公の宮内長官

---

[9] 当時の経済状況については，以下を見よ。Jim L. Bolton and Francesco Guidi Bruscoli, "When did Antwerp replace Bruges as the commercial and financial centre of north-western Europe? The evidence of the Borromei ledger for 1438," *The Economic History Review* 61, 2 (2008), pp.360-379. Jean Paul Peeters, "Antwerpen en Mechelen in de jaren 1400-1401 volgens hun respectieve stadsrekeningen," *Handelingen van de Koninklijke Kring voor Oudheidkunde, Letteren en Kunst van Mechelen* 111 (2007), pp.45-46, p. 66.

[10] ここでは，葬送や埋葬の儀礼という側面について触れないこととするが，それらに関しては次のような近年の浩瀚な研究を参照されたい。Jean Balsamo, ed., *Les funérailles à la Renaissance* (*XIIe colloque international de la Société française d'étude du seizième siècle, Bar-le-Duc, 2-5 décembre 1999*), Travaux d'humanisme et renaissance 356 (Genève, 2002); Urszula Borkowska, "The Funeral Ceremonies of the Polish Kings from the Fourteenth to the Eighteenth Centuries," *Journal of Ecclesiastical History* 36 (1985), pp.513-534; Bruce Gordon & Peter Marshall, eds., *The place of the dead. Death and remembrance in late mediaeval and early modern Europe* (Cambridge, 2000); Bernard Guillemin, Pierre Chaunu & Freddy Thiriet, eds., *La mort au moyen âge*, Publications de la Société savante d'Alsace et des régions de l'Est. Collection recherches et documents 25 (Strasbourg, 1977); Mark Hengerer, *Macht und Memoria. Begräbniskultur europäischer Oberschichten in der frühen Neuzeit* (Cologne, Weimar, Vienna, 2005); Michel Margue, Martin Uhrmacher and Hérold Pettiau, eds., *Sépulture, mort et représentation du pouvoir au moyen âge. Tod, Grabmal und Herrschaftsrepräsentation im Mittelalter. Actes des 11es Journées Lotharingiennes,* Publications de la section historique de l'Institut Grand-Ducal 118 (Luxemburg, 2006); Christiane Raynaud, "Quelques remarques sur les

(maître d'hôtel) ディーデリック・ヴァン・メインヘルスルート (Diederik van Meingersreuth) の残した文書であり，彼はそこにブラバント公の死と埋葬に関連するすべての支出について事細かに書き記しているのである。巻物原本は残存していないが[11]，費用支弁を担当していたブラバント総会計長官の会計簿に写本として伝来している[12]。この会計簿の他の費目，宮廷に関係する史料，所領関連の会計簿やブラバント，ブルゴーニュでよく知られた年代記からの抜粋も利用する。

  cérémonies funéraires à la fin du moyen âge", *Le Moyen Âge* 99, 2 (1993), pp.293-310; Jennifer Woodward, *The Theatre of Death. The Ritual Management of Royal Funerals in Renaissance England, 1570-1625* (Woodbridge, 1997). とりわけ，ブラバント公およびブルゴーニュ期ネーデルラントについては，以下を見よ。Julie Deronne, *Relations des obsèques et funérailles. Aristocratische uitvaarten in de Bourgondisch-Habsburgse landen 1477-1550*, unpublished master thesis Katholieke Universiteit Leuven (Leuven, 2008); Elke Leunens, *Begrafeniscultuur bij de Brabantse hertogen (1106-1406)* unpublished master thesis Katholieke Universiteit Leuven (Leuven, 2005); Malcolm Vale, "A Burgundian Funeral Ceremony. Olivier de la Marche and the Obsequies of Adolf of Cleves, Lord of Ravenstein," *The English Historical Review* 111, 443 (1996), pp.920-938; Bert Vergote, *Uitvaartgebruiken bij de Bourgondische hertogen van het huis Valois (1404-1477)*, unpublished master thesis Katholieke Universiteit Leuven (Leuven, 1998).
11）次の類似した2論考は，当該の巻物原本が19世紀の間に失われたのであろう，との推定を下している。Anne Chevalier-De Gottal, "Les funérailles des ducs de Brabant," *La vie matérielle au Moyen Âge. L'apport des sources littéraires, normatives et de la pratique*, eds. Emmanuelle Rassart-Eeckhout, Jean-Pierre Sosson, Claude Thiry & Tania Van Hemelryck, Textes, Études, Congrès 18 (Louvain-la-Neuve, 1997), pp. 79-88, Anne Chevalier-De Gottal, "La Cour de Brabant à l'aube du XVe siècle. Funérailles des ducs Antoine de Bourgogne, Jean IV et Philippe de Saint-Pol," *Cahiers bruxellois* XXXVI (1997-1998), 109, n. 106. しかし，原本散逸は既に1609年に生じた可能性が高い。これについては，Erik Aerts & Cyriel Vleeschouwers, "Moeiteloos maalt de papiermolen. Selectie en vernietiging van archief in openbare besturen," *Door de archivistiek gestrikt. Liber amicorum prof. dr. Juul Verhelst*, eds. Gustaaf Janssens, Griet Maréchal and Frank Scheelings, Archiefinitiatie (f) 4 (Brussel, 2000), p. 38 を参照されたい。
12）ブリュッセル国立文書館の会計院関連部に所蔵。Algemeen Rijksarchief Brussel, Rekenkamers, registers, 2408, derde rekening van Jan Bailliart, fols. 33r-38v. またブラバント総会計長官については，Erik Aerts, "Ontvangerij-generaal (ca. 1270-1499)," *De gewestelijke en lokale overheidsinstellingen in Brabant en Mechelen tot 1795*, eds. Raymond Van Uytven, Claude Bruneel, Herman Coppens and Beatrijs Augustyn, Algemeen Rijksarchief en Rijksarchief in de Provinciën. Studia 82, 1 (Brussel, 2000), pp. 197-220 を見よ。

図表1
フィリップ・ド・サン・ポールの肖像

2. 若き公太子の横顔

　フィリップは，1404年7月25日ブリュッセルで生まれた。ブラバント公アントワーヌとサン・ポール女公ジャンヌの第2子としてであった。わずか3歳の時母が死に[13]，その後彼と唯一の兄は母の領地サン・ポールの共同所有権を与えられた[14]。この所領は，1421年になってやっと実質的に彼だけのものとなった。ダンケルクに近いここの地名でもって，彼はその後歴史に名を残すこととなる。1415年アジャンクールの戦いで父が死ぬと，フィリップは後見人に指名された叔父，2代ブルゴーニュ公ジャン・サン・プールのもとで育てられることとなった。普通にゆけば，彼はブラバント公領の歴史に格別の役割を果たすことはなかったであろう。なぜなら，1415年に兄がジャン4世として公位を継承することが決められたからである。しかしながら，このジャン4世はほどなく家臣団との関係を大きく悪化させ，1420年9月30日には亡命を余儀なくされてしまった。そこで弟フィリップが1420年

---

13) Anne Chevalier, *Les Fêtes et les Arts à la Cour de Brabant à l'aube du XVe siècle*, Kieler Werkstücke. Reihe D: Beiträge zur europäischen Geschichte des späten Mittelalters 7 (Frankfurt am Main, Berlin, Bern, New York, Paris, Vienna, 1996), p. 129.

14) 妹が1人いたが早世している。André Uyttebrouck, *Le gouvernement du duché de Brabant au bas moyen âge (1355-1430)*, Université Libre de Bruxelles. Faculté de Philosophie et Lettres 59, 1 (Bruxelles, 1975), p. 28. また，ウィレムという名の異母兄弟も同様であった。Anne Chevalier, "Guillaume, un prince brabançon à l'aube du XVe siècle," *Cahiers bruxellois*, XXXIII (1993), 1-15.

10月首府ブリュッセルへ総督（ruwaard）として迎え入れられることになったのである。11月28日ブラバント身分制議会は彼を摂政（regent）に任ずると宣言し，わずか16歳ではあったが，フィリップはこれを受諾した。議会あるいはもっと具体的にいえば一部高位貴族たちが統制する摂政評議会（Regency Council）の緊密な助言を受けることで，若き公太子は宥和的であるが，果断ともいえる統治を行った。彼は，政務に影響力を持つ都市貴族たちと，ブリュッセル市政で発言権を増した手工業者たちの中道をいくよううまく政治を操り，兄の敵対勢力側に立つよう見せかけた。そうすることで，実は兄の復帰の可能性を探っていたのである。しかしそれは長く続くことはなかった。ローマへの旅行を終えて間もなく，フィリップは兄ジャン4世が深刻な病に侵されていることを知ったのである。1427年4月17日の死の直前，ジャン4世は弟フィリップを遺言執行者に指名した。フィリップは再び公領の統治者となった。しかも今度は正式にブラバント公としてである。とはいえ依然として，議会に信任された高位貴族が一種の政治顧問として厳密な助言と後見を行い，公はこれを甘受しなければならない状態が続いた[15]。そうした中でも，彼は次第に不運な兄とは違って少しずつ独自の路線を取ることに成功し，幾つかの分野については自分のやり方を頑として主張することができるようになっていったのである。

　若き公があまたの顧問団と決定的に折り合えなかった問題の1つが結婚相

15）こうした状況については，次の博士論文（未公刊）による。José Scarcez-Godart, *Philippe de Saint-Pol, duc de Brabant（1427-1430）*, unpublished doctoral thesis central examination board Université libre de Bruxelles（Bruxelles, 1942）. また, Uyttebrouck, *Le gouvernement du duché*, 1, pp. 39-40, pp. 107-108, pp. 139-140, pp. 290-297, pp. 512-521, pp. 549-550, 2, p. 729 も参照されたい。E. ド・ボルフフラーヴの業績は主として公と都市ブリュッセルとの対立に立ち入って検討しており，古典作ながら今なお参考に値するものである。Emile De Borchgrave, "Philippe de Saint-Pol," *Biographie Nationale*, 17（Bruxelles, 1903）, kol. 321-324. また，公と議会との角逐という主題については，他にも幾つか論考を挙げ得る。Piet Avonds, "Philipp v. St-Pol, Hzg. v. Brabant," *Lexikon des Mittelalters*, 6（München, 1993）, col. 2066-2067, Robert Stein, "Des souverains étrangers sur le trône," *Histoire du Brabant du duché à nos jours,* eds. Raymond Van Uytven a.o.（Zwolle, 2004）, p. 168. なおR. ヴァン・アウトフェン教授は『ベルギー人物史辞典』*Nationaal Biografisch Woordenboek* にフィリップに関する新評伝の執筆準備中である。

第 I 章　フィリップ・ド・サン・ポールはなぜ死んだか　　　7

手である。ブラバント公としてフィリップはなるべく早く公位の跡継ぎを決めておきたいと願っていた。1428 年秘密裏に相談が始まった[16]。協議の相手はアンジュー公かつシチリア王だった故ルイ 2 世の未亡人で，その娘ヨランダとの婚姻が可能かどうかという打診である。両家の話し合いはとんとん拍子に進み，縁組みが正式に公表されると，1430 年夏に挙式へ向けた準備が開始された。1430 年 7 月 14 日フィリップは一群の家臣たちを伴い，ブリュッセルから 30 km ほどの小都市ニヴェルへ赴いた。そこで数日を共にした者の一部が，フランスへ赴いてヨランダに会い，彼女を盛大にブラバントへ連れて戻ることとなった。7 月 16 日使節はランスに向けて出立した。他方フィリップ自身は同じ日にブリュッセルへ帰還している[17]。使節団の構成は，騎士，楯持，高位聖職者とその従者たちで[18]，ランスに 7 月 25 日到着した。そこで彼らを出迎えたのは，フランス王およびシチリア王未亡人

16) 会計簿に《密使》との記述がある。Algemeen Rijksarchief Brussel, Rekenkamers, registers, 5, fol. 100v. シチリアからの公使がブラバントに派遣されていたことについては次の 2 つの研究を見よ。Louis-Prosper Gachard & Charles Piot, eds., *Itinéraire de Philippe de S*[t]*-Pol, duc de Brabant du 17 avril 1427 au 4 août 1430*, (Collection des voyages des souverains des Pays-Bas) (Commission royale d'Histoire, in-4°, 4) (Bruxelles, 1882), pp. 639-640, n. 3. Anne Chevalier-De Gottal, "Les bals et les banquets à la Cour de Brabant à l'aube du XVe siècle," *LII*[e] *congrès de la fédération des cercles d'Archéologie et d'Histoire de Belgique. Cinquième congrès de l'Association des Cercles francophones d'Histoire et d'Archéologie de Belgique. Herbeumont 22-25 août 1996. Actes*, 2 (Namur, 1996), p. 371. 1428 年のブラバント公宮廷会計簿に，シチリア宮廷からの公使や宮廷人，騎士たちに関する記述がある。Algemeen Rijksarchief Brussel, Rekenkamers, registers, 1793. また次も見よ。Robert Stein, *Politiek en historiografie. Het ontstaansmilieu van Brabantse kronieken in de eerste helft van de vijftiende eeuw* (Leuven, 1994), p. 200, n. 150.

17) Algemeen Rijksarchief Brussel, Rekenkamers, registers, 2408, tweede rekening van Jan Bailliart, fol. 36r.

18) この構成については以下を見よ。Algemeen Rijksarchief Brussel, Rekenkamers, registers, 2408, tweede rekening van Jan Bailliart, fol. 36r. ボルフフラーヴは「60 人の貴人」と記し (De Borchgrave, "Philippe de Saint-Pol," p. 324)，当時のリエージュ司教は「700 人までの人数に対して」安全護送状を発布している (Algemeen Rijksarchief Brussel, Verzameling van de Oorkonden van Brabant, origineel d.d. 28 juni 1430)。また，別の年代記には「300 から 500 人の騎士たち」とのくだりもある。Jean-Henri Bormans, ed., *De Brabantsche Yeesten, of Rijmkroniek van Brabant* (Koninklijke Commissie voor Geschiedenis, in-4°, 3) (Brussel, 1869), p. 668, vers 17629.

の使者たちである。フランス側はブラバントの使節たちに更にトゥールへ同行しそこで婚約者と会うよう提案した。トゥールには，王女ヨランダと親交厚く良き相談相手として，司教座聖堂参事会の財務係がいたからである[19]。しかしながらこの提案はブラバント側の受け入れるところとならず，彼らはトロワを王女と面会する場所に選んだ。両者はなおこの問題について協議を続けていたが，そのさなか，ランスに急使が到着し，ブラバント公が急に病に倒れたことを伝えたのであった。使節団はすぐさまブラバントへ戻ることを求め，彼らは8月8日レウヴェンへ到着した。そこで4日前，つまり8月4日に公は居城で既に亡くなっていたことを知らされたのである[20]。使節団たちはもちろんのこと，婚約者にとって[21] この出来事はあまりに急で，途方もなく大きい衝撃であった。しかし，いったい何事が起こったのであろうか？

3. 死因に関する疑惑

最低限言えることは，フィリップがかなり前から深刻な病状を呈していて，1429年の5月からずっと医者の治療を受けていたことである[22]。1429年の春，公の侍医であったヤン・ヴァンデン・エーレは，彼が領内を頻繁に巡行する際にも，つきっきりで診療しなくてはならないありさまだった。次の節で明らかになるように，ヴァンデン・エーレはアントウェルペン，ブリュッセル，レウヴェンの薬種店から色々と取り寄せる中で，大量の薬剤例えば，

---

19) 公フィリップは，成婚の暁には，相手家を敵対者から護るべく軍事援助を惜しまないことを宣誓していた（Algemeen Rijksarchief Brussel, Verzameling van de Oorkonden van Brabant）。上記史料は日付不明だが，1430年発給のものではない。

20) この居城は1230年から1232年に市壁の北から少し離れた丘に建てられたものである。後にブラバント公がブリュッセルへ拠点を移してからは，レウヴェンに立ち寄った際の住居となり，公の不在時には城代ないし城主が差配していた。Dirk Amand & Eduard Van Ermen, "De hertogelijke burcht op de Keizersberg tot het einde van de 16de eeuw," *Loven Boven Altijdt Godt Loven 1899-1999. 100 jaar Abdij Keizersberg Leuven* (Leuven, 1999), pp. 11-12. 古く今にも倒壊しそうだったこの城は，1782年5月皇帝ヨーゼフ2世の命令で取り壊された。

21) 婚約者のヨランダは後に，ブルターニュ公の長男でモンフォール伯だったフランソワと結婚し，夫が公位を継ぐ前の1440年4月17日に亡くなっている。

22) Scarcez-Godart, *Philippe de Saint-Pol*, p. 566.

消化薬，便秘薬，包帯，腹用膏薬を注文している。会計簿を見ると，公は何度も食事中に具合が悪くなったり，狩りや宴会といった行事を中止しなくてはならなくなったりしたことが分かる[23]。若干誇張を交えて言えば，フィリップの最後の数ヶ月は，その多忙な日々とは裏腹に「死を引き延ばそうとするあがき」のように見えるのである[24]。彼は7月13日木曜日夜から16日日曜日夜まで[25]，家臣団と一緒にニヴェルに滞在していたが，この間彼の体調は目に見えて悪化した。心配した側近たちはあわてて，7月18日に他都市の医師や創設間もないレウヴェン大学の教授たちをクーデンベルクの宮殿へ呼び寄せることとなった。綿密な診察の後，状況は非常に深刻であるとすべての医師が診断した。そして，7月20日まで彼らは患者の診療を続けたのである[26]。7月21日午後フィリップは自分の居城のあるレウヴェンへ移された。そこではやっと夕食が取れるというありさまであった[27]。やがて，人々の間で公を毒殺しようとする計略がある，という噂が広まった。そのため，議会や諸都市つまりアントウェルペン，ブリュッセル，レウヴェンがあまたの側近たちを尋問することとなった[28]。しかし，確たる証拠を得ることなく，調査は失敗に終わる[29]。重篤となったフィリップはその後，官房長や多くの顧問官たちの定期的な見舞いを受けた。そして7月29日からは，3人の医師が病の床につきっきりとなった。8月3日にはレウヴェンの市当局者の代表

---

23) Scarcez-Godart, *Philippe de Saint-Pol*, p. 554, p. 568.
24) Dirk Amand, *De hertogelijke burcht op de keizersberg te Leuven (12de-18de eeuw). Historisch overzicht & computerreconstructie*, unpublished master thesis Katholieke Universiteit Leuven, 1 (Leuven, 1999), p. 62.
25) Gachard & Piot, *Itinéraire de Philippe*, p. 645, n. 4.
26) この時の費用については，Algemeen Rijksarchief Brussel, Rekenkamers, registers, 2408, tweede rekening van Jan Bailliart, fol. 104r. を見よ。
27) Scarcez-Godart, *Philippe de Saint-Pol*, pp. 556 and 569; Algemeen Rijksarchief Brussel, Rekenkamers, registers, 2408, tweede rekening van Jan Bailliart, fol. 36v.
28) 特に入念な査問対象となったのが，側近でしばしば公の大使を務めたヤン・ファン・タルヴェンド（Jan van Tallevende）である（Algemeen Rijksarchief Brussel, Rekenkamers, registers, 5, fol. 100v）。シャトランは，この人物をカルヴァンド（Callevande）と記している。Georges Chastellain, *Œuvres*, éd. (J.B.M.C.) Kervyn de Lettenhove, 2 (Bruxelles, 1863), p. 76. 恐らく出版時の誤りであろう。
29) 7月18～20日，26日に行われた調査集会については，Uyttebrouck, *Le gouvernement du duché*, 2, p. 909, numbers 1594 en 1595 を参照せよ。

図表2
レウヴェンのブラバント公居館と礼拝堂（矢印）

が彼を見舞っている³⁰⁾。この日，周囲の目にはもはや病死は避けられないことが明白となった。中世の史料記述に多く見られるように，特に隠すふうでもなく全く直截的な表現で，6月に購入した婚礼用のライン産ワインを売却せねばならないことが会計簿に記されている。これを会計長官に命令した顧問官たちは「我らが殿におかれては重篤な病にあるため」婚礼が行われることはないであろう，と断定口調で述べている³¹⁾。翌日公は遺言を作成し，夜6時ころには，はっきりした意識のもとで死に臨んだ聖体拝領の儀式などを執り行った。そうして2時間後彼は死亡した³²⁾。わずか数年で，ブラバント公は三たび予想できないほど早期に舞台から姿を消した。あの活力に満ちた父アントワーヌ公はアジャンクールの戦いで散り，兄ジャン4世は病気がちな人物で政務にほとんど関心がなかった。しかし，フィリップ・ド・サン・ポールは，最初に病状を見せる前は，風采力強く，「当時最も手強い」と称

---

30) Algemeen Rijksarchief Brussel, Rekenkamers, registers, 2408, tweede rekening van Jan Bailliart, fols. 37r and 37v.

31) Algemeen Rijksarchief Brussel, Rekenkamers, registers, 2408, tweede rekening van Jan Bailliart, fol. 108r.

32)《1430年8月4日金曜日レウヴェンの居城にて午後8時頃死亡》と記録されている（Algemeen Rijksarchief Brussel, Rekenkamers, registers, 2408, tweede rekening van Jan Bailliart, fol. 37v.）。より細かな経緯については，次の文献と検屍報告書（Algemeen Rijksarchief Brussel, Rekenkamers, registers, 12, fols. 154r-155r）を見よ。Edmond De Dynter, *Chronica nobilissimorum ducum Lotharingiae et Brabantiae ac regum Francorum*, ed. Petrus Franciscus Xaverius De Ram, *Chronographia ducum Brabantiae*, (Collection des chroniques belges inédites)（Commission royale d'Histoire, in-4°, 3）(Bruxelles, 1857), p. 498.

されるほど馬上試合で有名な勇者だったのである[33]。A. アウトブルークは，若き日の公を手に負えない，頑固で反抗的な公太子として描いた[34]。他方，狡知に長けた面を持ち合わせていた様子にも触れている[35]。いずれにせよ，将来性をうかがわせるに十分な若者ではあったのである。

　フィリップは臣民に評判の良い公であった。そこで7月と同様，再び若い公の毒殺説が流布された。何と言っても，大衆の目からすれば彼は屈強な若者であり，馬上試合や，狩猟，宴会，行事を楽しみ，領内のあちらこちらに姿を現す存在だった[36]。しかも，彼らには公が病気治療中であることは知らされておらず，最後に死に至るほどの断続的な苦痛があったことなど知る由もなかったからである。「中世における毒殺の常」[37]からして，公の急死は殺人を思わせるに十分であった。想定される犯人とその動機は山ほどあった。フィリップ・ド・サン・ポールが子どもを設けずして死亡した場合，最も得をするのが，父方の従兄弟でブルゴーニュ公フィリップ・ル・ボンであった。というのも，1427年にフィリップ・ド・サン・ポールが公位を継いだ際，後継者なくして自分が死んだときには，この従兄弟にブラバント公位を

---

33) Chastellain, *Œuvres*, p. 72. ある年代記は，フィリップが長く病を患っていたと語る。Enguerrand de Monstrelet, *Chroniques. Nouvelle édition, entièrement refondue sur les manuscrits avec notes et éclaircissements*, éd. Jean Alexandre Buchon, 5（Paris, 1826），p. 306. しかし，この年代記作者は兄のジャン4世とフィリップとを混同していた可能性がある。この点については，Scarcez-Godart, *Philippe de Saint-Pol*, p. 559, Chevalier, *Les Fêtes et les Arts*, p. 143, Chevalier-De Gottal, "La Cour de Brabant," p. 105 を参照されたい。

34) Uyttebrouck, *Le gouvernement du duché*, 1, pp. 39-40, p.518.

35) 例えば，一見してすぐに果たすべき約定や義務でない場合，それらを放置することがあった。Algemeen Rijksarchief Brussel, Rekenkamers, registers, 2410, vierde rekening van Peter van der Eycken, fols. 80r-80v, zesde rekening van Peter van der Eycken, fols. 54r-54v; 2411, negende rekening van Peter van der Eycken , fol. 90r; Uyttebrouck, *Le gouvernement du duché*, 1, p. 83.

36) それらについては，宴会や晩餐，食事，舞踊，馬上試合などを多く記述した公宮廷の経常支出（Algemeen Rijksarchief Brussel, Rekenkamers, registers, 1793）及びフィリップの旅程記録（Gachard & Piot, *Itinéraire de Philippe*, pp. 629-646）を見よ。

37) Francis B. Brévart, "Between Medicine, Magic, and Religion: Wonder Drugs in German Medico-Pharmaceutical Treatises of the Thirteenth to the Sixteenth Centuries," *Speculum* 83（2008），p. 47.

譲ると約束していたからである[38]。絶大な力を持ち，ブラバント公政府の高官に多く支持者を有していたブルゴーニュ公が，もし，豊かなブラバントに野心を持ったならば，1430年のあの夏何事か画策した可能性はある。これには大きな理由があった。フィリップの結婚が差し迫って，他の公位継承権を持つ者たちに登位の機会が生じる可能性があったからである。その時点で，フィリップが父親だということを証明できる庶子が多く存在していたことを忘れてはならない[39]。更に，婚約相手がフランス王シャルル7世の義理の妹ということもあった[40]。この王は，ブルゴーニュ公フィリップの目に，かつて自分の父ジャン・サン・プールの暗殺に関与した恨むべき者と映った筈である。このように，フィリップ・ル・ボンには結婚に反対する十分な理由があった。だが，彼だけに疑惑があるわけではない。史料の語り手である城代は，アンギャン領主のピエール・ド・リュクサンブールを挙げる。というのも，ピエールはその兄弟と同様，フィリップが後継なくして死んだ場合サン・ポール伯領の継受を要求していたからである[41]。7月18日には，重篤な公フィリップの診察を終え，容態は深刻であるという点で医師たちが一致した見解を出していたにもかかわらず，多くの宮廷顧問たちも噂と疑念にとりつかれてしまった。公の死亡後すぐにレウヴェンへ集っていた議会代表たちは，そこで再び被疑者たちを逮捕し，尋問するよう命じた。そして，調査の結果何も得られなかったため，事態をより確実にすべく公の亡骸を検屍に付すことが決定されたのである。

---

38) ただし，母から受け継いだ領地は除くとされていた。この点に関しては1427年9月3日の公令を見よ（Algemeen Rijksarchief Brussel, Rekenkamers, registers, 4, fols. 120r-120v)。また次の文献も参照されたい。Alphonse Verkooren, *Inventaire des chartes & cartulaires du Luxembourg* (*Comté puis Duché*), 4 (Bruxelles, 1917), pp. 198-199.

39) Uyttebrouck, *Le gouvernement du duché*, 2, p. 770. フィリップには5人の庶子が知られている。そのうち3人はバルビール・フィーレンスとの間にできた子で，彼女はクーデンベルクにある公の葡萄園管理人の娘であった。彼女は1431年に公領を後継したフィリップ・ル・ボンから，《処女を喪失したゆえ》として相当の金額を受領している（Algemeen Rijksarchief Brussel, Rekenkamers, registers, 2409, vijfde rekening van Peter van der Eycken, fol. 101v)。

40) Uyttebrouck, *Le gouvernement du duché*, 1, p. 30, p. 39, p. 517.

41) Chastellain, *Œuvres*, 2, p. 76, Scarcez-Godart, *Philippe de Saint-Pol*, pp. 559-564.

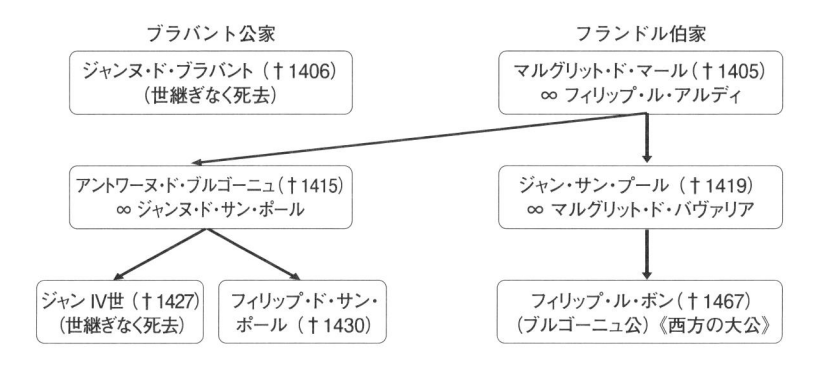

```
              ブラバント公家                         フランドル伯家
        ┌─────────────────────┐         ┌─────────────────────┐
        │ ジャンヌ・ド・ブラバント（†1406）│         │ マルグリット・ド・マール（†1405）│
        │   （世継ぎなく死去）       │         │  ∞ フィリップ・ル・アルディ  │
        └─────────────────────┘         └─────────────────────┘
                      ↓                              ↓
        ┌─────────────────────┐         ┌─────────────────────┐
        │ アントワーヌ・ド・ブルゴーニュ（†1415）│       │ ジャン・サン・プール（†1419）│
        │  ∞ ジャンヌ・ド・サン・ポール  │         │  ∞ マルグリット・ド・バヴァリア│
        └─────────────────────┘         └─────────────────────┘
           ↓              ↓                         ↓
     ┌──────────┐ ┌──────────┐            ┌──────────────────┐
     │ジャンIV世（†1427）│ │フィリップ・ド・サン・│            │フィリップ・ル・ボン（†1467）│
     │（世継ぎなく死去）│ │ポール（†1430）│            │（ブルゴーニュ公）《西方の大公》│
     └──────────┘ └──────────┘            └──────────────────┘
```

図表3　中世後期ブラバント公家・フランドル伯家の家系図

4. 医療と患者

　遺体と検屍について考える前に，逝去するまでフィリップが医者から施されていた治療に関して若干検討してみよう。伝記作者はこの点に全くと言っていいほど注意を払っていない。ところが対照的に，ブラバント総財務府の会計簿は幸運にも非常に詳細な記録が残っており，「薬草」や「あらゆる種類の薬剤」[42]について項目立てがなされている。殆どの薬は個々に名前が記されているが，会計官や書記たちはその方面で素人であり，彼らは会計簿作成に当たって，あちこちの薬剤師から提出された勘定書きをそのまま利用したということは銘記しておく必要がある。つまり，誤りが少なくないのだ。そうした誤記やラテン語の省略形のせいで，会計簿の項目分析は非常に困難なものとなっている。

　フィリップが死去する前の半年間について見ると，定期的に健康診断がなされていることからして，少なくとも側近たちには，若い公が大きな健康問題を抱えていたことは明白な事実だった。普段彼に投与されたのは，いわゆる'electuarium'とか'confectio'と呼ばれる甘く粘りけのある薬で，口に含む

---

42) Algemeen Rijksarchief Brussel, Rekenkamers, registers, 2408, tweede rekening van Jan Bailliart, fols. 100v-101v.

ところから中世オランダ語では「なめ薬」とも呼ばれるものである[43]。砂糖,シロップ,蜂蜜は大事な成分であった。というのもこれらの甘味料は当時しばしば薬剤としても用いられたからである。例えば蜂蜜は対内浄化作用があるとされていた[44]。なめ薬(舐剤 Electuria)には様々な種類があり,フィリップは死ぬまでに殆どのものを服用した。数あるものの中で,黄金舐剤と呼ばれるものが投薬されている。恐らく,金色の染料あるいは 'auripigmentum' つまり黄色の三硫化ヒ素(As_2S_3)が使われているところから来る名称であろう[45]。'Condijt' (conditum) は,通じを良くすることで知られ,黄金であろうとなかろうと,なめ薬に入れる非常に重要な成分として処方された[46]。フィリップはそうした薬を最低日に3度服用している。また公に投与されたなめ薬の他の成分には,'diadragrantum'[47],'daysopis'[48],と呼ばれるものやキャベ

---

43) Christian M.E. De Backer, "Farmacie te Gent in de late middeleeuwen. Apothekers en receptuur," *Middeleeuwse studies en bronnen*, XXI (Hilversum, 1990), p. 92, p. 225; Leo J. Vandewiele, *Een Middelnederlandse versie van de CIRCA INSTANS van Platearius* (Oudenaarde, 1970), p. 311. 中世のこうした毒消薬については以下を参照。Wilhelmus Franciscus Daems, *Boec van medicinen in Dietsche. Een middelnederlandse compilatie van medisch-farmaceutische literatuur* (Leiden, 1967), p. 234.

44) Vandewiele, *Een Middelnederlandse versie*, p. 200, p. 312.

45) Willy L. Braekman, "Dat batement van recepten. Een secreetboek uit de zestiende eeuw," *Scripta Ufsal. Medieval and Renaissance Texts and Studies* 25 (Brussel, 1990), p. 94, n. 149; Vandewiele, *Een Middelnederlandse versie*, p. 62, p. 330.

46) De Backer, "Farmacie te Gent," p. 98, p. 222. 'Condijt' (*condire*) とは,蜂蜜ないし砂糖を含む防腐薬を意味する。Henriëtte A. Bosman-Jelgersma & G. Van der Waa, "Pieter van Foreest (1521-1597): een vooraanstaand Noord-Nederlandse leerling van Vesalius," *Ziek of gezond ten tijde van Keizer Karel. Vesalius en de gezondheidszorg in de 16de eeuw*, ed. Robrecht Van Hee (Gent, 2000), p. 119, n. 24.

47) これは,トラガカントゴムのようなマメ科ゲンゲ属の植物から出る樹液や分泌物であり,空気に触れるとゴムのように固まる。Braekman, "Dat batement van recepten," p. 132; Willy L. Braekman, *Middelnederlandse geneeskundige recepten. Een bijdrage tot de geschiedenis van de vakliteratuur in de Nederlanden*, Koninklijke Vlaamse Academie voor Taal- en Letterkunde, VIe reeks 100 (Gent, 1970), p. 418; Id., *Medische en technische Middelnederlandse recepten. Een tweede bijdrage tot de geschiedenis van de vakliteratuur in de Nederlanden*, Koninklijke Vlaamse Academie voor Taal- en Letterkunde, IIIe reeks 40 (Gent, 1975), p. 375; De Backer, "Farmacie te Gent," p. 224; Vandewiele, *Een Middelnederlandse versie*, pp. 325-326.

ツ[49]，更には貴石すら含まれるものもあった[50]。なめ薬と並んで，「毒消し」のテリアカ（'theriac'）も重要な薬剤であった[51]。中世において様々な名称で知られるテリアカは，便秘から高熱にいたる病や疾病に極めて幅広く効く普遍的な特効薬として知られていた。この薬に含まれる成分は多く秘密とされ，しかも時代と場所によって異なったが[52]，すべて「飲食物に当たった」際に有効であった[53]。アントウェルペンは，神聖ローマ帝国からバルト海地域に至るまで薬を輸出する製薬の一大中心地であった[54]。

　以上種々のなめ薬やテリアカ以外に，シロップが大量に用いられた。その中でも，フィリップに投薬されたのは，'juleph'[55]，'suropus violaceus'[56]，

---

48) 最も効果的な 'electuarium' はこのヤナギハッカ（'ysopen', 'hyssopis' or 'hyssopus officinalis'）である。これは空色の花をつけるシソ科の低木で，エーテル油を多く含む。Braekman, *Middelnederlandse geneeskundige*, p. 419; Daems, *Boec van medicinen*, p. 131; De Backer, "Farmacie te Gent," p. 225.

49) De Backer, *Farmacie te Gent*, p. 222; Vandewiele, *Een Middelnederlandse versie*, p. 90, pp. 322-323.

50) 例えばエメラルドのような宝石類を砕いて粉にし，服用することが重要だと考えられていた。これについては，Barbara Tuchman, *A Distant Mirror. The Calamitous 14th Century*（New York, 1978），p. 106, Brévart, "Between Medicine, Magic, and Religion," pp. 26-37 を見られたい。

51) Braekman, *Medische en technische*, p. 374, p. 187, n. 576; Vandewiele, Een *Middelnederlandse versie*, p. 129, p. 149, p. 351.

52) Iris Origo, *The Merchant of Prato Francesco di Marco Datini*（New York, 1957），p. 340, p. 343; Erwin Huizenga, *Tussen autoriteit en empirie. De middelnederlandse chirurgieën in de veertiende en vijftiende eeuw en hun maatschappelijke context*, Artesliteratuur in de Nederlanden, 2（Hilversum, 2003），p. 394; Id., *Bitterzoete balsem. Geneeskunde, chirurgie en farmacie in de late middeleeuwen*（Hilversum, 2004），pp. 24-25.

53) Braekman, *Medische en technische*, p. 241, n. 784.

54) Gustaaf Janssens, "De nieuwe belastingen van de hertog van Alva," *Eigen Schoon en de Brabander*, 91（2008），p. 50.

55) 非常に濃く，冷やすと有効なシロップで，植物の樹液にしばしば砂糖や蜂蜜を混ぜて作られた。Braekman, *Dat batement van recepten*, p. 135; De Backer, "Farmacie te Gent," p. 99, p. 227.

56) スミレのシロップである。Daems, *Boec van medicinen*, pp. 156-157, p. 173, p. 233; De Backer, "Farmacie te Gent," p. 237; Vandewiele, *Een Middelnederlandse versie*, p. 350, p. 356. スミレは，もちろんなめ薬にも入っていた。Braekman, *Middelnederlandse geneeskundige*, p. 419.

'conserve'[57] と呼ばれるものである。痛みを和らげるために,彼は 'medridaten' と呼ばれる解毒剤を飲んでいる。これはアヘンを含んでおり,当然麻酔効果をもっていた[58]。鎮痛にはまたあらゆる種類の包帯や貼り布も使用された。乾布の場合薬草を紙に巻き[59],湿布の場合布に薬液を浸し,柔らかい貼り薬にして使われたのである[60]。そうした湿布には油を含ませたり[61],酢とクロッカス油('crocus')の混合液[62],あるいは 'sindaele'(恐らくエーテルで溶かしたビャクダン油)に布を漬けて使用した[63]。こうした目的には他に色々な樹脂も有効であった。'thus'[64] や 'mastix'[65](乳香液)を含んだ止血用圧迫包帯が,フィリップには間違いなく使われている。混合経口水[66]をはじめ様々な薬液が恐らく下剤目的で投与された[67]。多くの薬草[68]と薬油,ブランデー[69],そしてもちろん大量の座薬(丸薬状あるいは棒状を問わず)[70],最後に下剤

---

57) これは,果物,植物の根と花の混成剤で砂糖と蜂蜜で甘みをつけた薬である。De Backer, "Farmacie te Gent," p. 98, p. 223.
58) Herman Pleij, *Dromen van Cocagne. Middeleeuwse fantasieën over het volmaakte leven* (Amsterdam, 1997), p. 153; Vandewiele, *Een Middelnederlandse versie*, p. 57, p. 129, p. 337.
59)《紙片に乾燥薬草(を入れる)》とある。これについては,De Backer, "Farmacie te Gent," p. 103 を見よ。
60) Huizenga, *Bitterzoete balsem*, p. 39; Id., *Tussen autoriteit en empirie*, p. 69.
61) De Backer, "Farmacie te Gent," p. 100, p. 242, p. 225; Vandewiele, *Een Middelnederlandse versie*, p. 312.
62) De Backer, "Farmacie te Gent," p. 225; Vandewiele, *Een Middelnederlandse versie*, pp. 95-96. クロッカスとはサフランのことでもある。Daems, *Boec van medicinen*, p. 123.
63) ラテン名は,'Santalum rufum','Pterocarpus santalinus' である。これについて詳細は,Braekman, *Dat batement van recepten*, p. 140 を見よ。
64) ボズウェリアから取れる芳香性のゴム樹脂で,通常乳香 'olibanum' として知られる。De Backer, "Farmacie te Gent," p. 237; Vandewiele, *Een Middelnederlandse versie*, p. 350, p. 354-355.
65) マスティークゴムもやはり芳香性の樹脂で,例えば 'Pistacia lentiscus' といった樹液の凝固物である。これについては,Braekman, *Dat batement van recepten*, p. 136; Id., "Fragment van een nieuw volksgeneeskundig manuscript(15de E.)," *Volkskunde. Driemaandelijks tijdschrift voor de studie van de volkscultuur* 103, 3 (2002), p. 230, n. 48 を見よ。ただし,同著者には 'Piscaria lentiscus' との誤記も見られる(Braekman, *Medische en technische*, p. 391)。また以下も参照のこと。De Backer, *Farmacie te Gent*, p. 228; Vandewiele, *Een Middelnederlandse versie*, p. 336.

で一連の診療が終わっている。もちろんこれは会計簿の分析から言える限りのことで，フィリップが続けて医者に食餌療法を授けられたかどうかは判然としない[71]。

処方箋や薬草の一覧表を比較・分析してみると，公フィリップは標準的な治療を受けているようだ。彼に与えられた処置や薬は当時普通のものであった[72]。つまり，中世後期において裕福な病人が受けることのできる治療とい

66) Daems, *Boec van medicinen*, p. 238; De Backer, *Farmacie te Gent*, p. 98.
67) 恐らくこれらの薬液は主に樹液を蒸留したものか，ワインと水との蒸留液であったろう。De Backer, *Farmacie te Gent*, p. 99, pp. 109-110, pp. 219-220.《水の精》と会計簿にはっきりと記されている。こうした蒸留液については次の文献を見よ。Daems, *Boec van medicinen*, pp. 163-168, pp. 231-232; Willem L. De Vreese, *Middelnederlandsche geneeskundige recepten & tractaten, zegeningen en tooverformules*, 1 (Gent, 1894), pp. 110-113.
68) その中に 'muscillaguri' と呼ばれるものがあり，シロップの原料となった。詳細は，以下を参照。Braekman, *Medische en technische*, p. 394; Du Cange, *Glossarium mediæ et infimæ latinitatis*, 4 (Paris, 1845), p. 586; Ægidius Forcellini & Josephus Furlanetto, *Totius Latinitatis Lexicon*, 4 (Prato, 1868), p. 211) また《種々の浴用薬草》も用いられた。Daems, *Boec van medicinen*, p. 232.
69) この《命の水》と呼ばれる酒は，確かに14世紀中葉からヨーロッパ全域で長寿薬としての高名を馳せた，重要な薬であった。Brévart, "Between Medicine, Magic, and Religion," pp. 18-21. またネーデルラントについては，Eric Van Schoonenberghe, "Van brandewijn tot korenbrandewijn," *Jenever in de Lage Landen*, ed. Eric Van Schoonenberghe (Brugge, 1996), p. 51 を見よ。ブランデー類は他に防腐処理した遺体を清めることにも用いられた。Catrien Santing, "Spreken vanuit het graf. De stoffelijke resten van Willem van Oranje in hun politiek-culturele betekenis," *Bijdragen en mededelingen betreffende de gschiedenis der Nederlanden* 122 (2007), p. 190.
70) De Backer, *Farmacie te Gent*, 100, p. 236; Vandewiele, *Een Middelnederlandse versie*, pp. 312-313. 座薬については，Daems, *Boec van medicinen, pp.* 235-236 を見よ。
71) この点に関しては更に次の諸研究を参照されたい。Ria Jansen-Sieben, "Van voedseltherapie tot kookboek," *Voeding en geneeskunde. Acten van het colloquium Brussel 12.10.1990*, eds. Ria Jansen-Sieben & Frank Daelemans, Archief- en bibliotheekwezen in België. Extranummer 41 (Brussel, 1993), p. 139. (これには英語版もある。Ead., "From food therapy to cookery-book," *Medieval Dutch Literature in its European Context*, ed. Erik Kooper, *Cambridge Studies in Medieval Literature*, 21 (Cambridge, 1994), pp. 261-279.)
72) この点，本章でこれまで挙げた諸研究 (Ria Jansen-Sieben, Willy L. Braekman, Wilhelmus F. Daems, Christian M.E. De Backer, Willem L. De Vreese, Erwin Huizenga, Leo J. Vandewiele) などで確認のこと。また，薬草類についての知見は更に，Jerry Stannard, Katherine E. Stannard, Richard Kay, *Herbs and Herbalism in the Middle Ages and Renaissance* (Aldershot, 1999) が挙げられる。

うことである。しかし，未熟な医学的知識ゆえに病因の特定は不十分で，治療はどうしようもなくありふれたものであった。あらゆる症状に合うように，服用できるほとんどの薬物が処方された。ただし，どういう薬の組み合わせか，あるいはどの程度の分量かなどは不明であるが。とはいえ治療という観点で見ると，ある程度の医学的推察が可能である。ブリュッセルの薬局による「胃の保護薬」の注文は，明らかに患者は胃に問題があることを示している。乳香液（mastix, mastic）の効用は多岐にわたるが，消化を助け，胃壁内浄化や嘔吐抑制作用があったことは間違いない [73]。クロッカスあるいはサフランには，利尿作用があることが知られていた。プラートの有名な商人であるフランチェスコ・ダ・ティーニは14世紀半ば何度も胃痛を訴えたため，医者はそうした薬種を毎回の食事で取るよう指示している [74]。スミレ科植物のシロップもやはり胃に良いとされ，「ヒソップ」つまりシソ科植物は「胃を清め」，「胃痛に効く」と言われていた [75]。食用ダイオウは，フィリップが

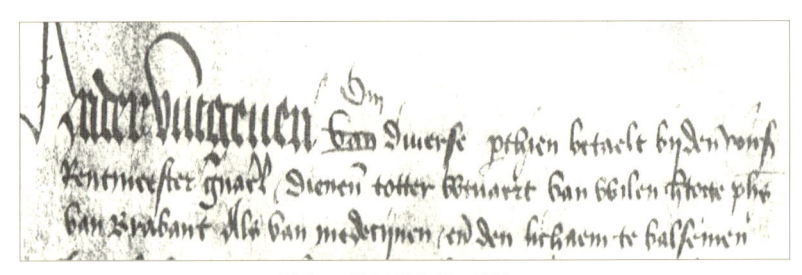

図表4　検屍報告書の抜粋

"ander uutgeven（…）als van medecijnen ende den lichaem te balsemen"
（診療と遺体の防腐処理に関する……その他の支出）

73）乳香液の一般的な多面的用途については Vandewiele, *Een Middelnederlandse versie*, pp. 193-194を，また特にその特殊利用については p. 30, p. 194 をそれぞれ参照のこと。
74）Origo, *The merchant of Prato*, p. 327, p. 338. サフランは《胃のむかつき》に良いとされた。Daems, *Boec van medicinen*, p. 123.
75）Braekman, *Medische en technische*, p. 109, n. 106; Braekman, *Middelnederlandse geneeskundige*, p. 285, n. 1063; De Vreese, *Middelnederlandsche geneeskundige*, pp. 42-43, n. 126, p. 128, n. 487. ヒソップとスミレ科植物のシロップについては，Daems, *Boec van medicinen*, p. 132, p.157 を参照。

死ぬ2日前に飲んだもので，一般的な便秘薬であった[76]。これは今でも普通に胃病に使われる薬草である。食用ダイオウに限らず[77]，ビャクダンやヒソップ[78]，もちろん生のキャベツジュースもそうで，キャベツは胃潰瘍の理想的な薬とされている[79]。

5. 検屍による解明

　フィリップ・ド・サン・ポールの検屍については，3点の史料が残されている。支出項目に始まる前述の官房長官の巻物史料がまず挙げられ，これは後にブラバント総会計長官の会計簿に転写されている[80]。また検屍報告書[81]，そして，有名な年代記作者エドモンド・ヴァン・ディンテル（ca.1370-1449）も詳細に遺体検分について語っている[82]。会計簿，報告書そのもの，叙述史料が利用できるということは誠に幸運であると言わざるを得ない。歴史家は，著者の意識や主観にもとづいた単なる記述史料のみに依存しなくてはならない場合が往々にしてあるからである。マリエル・ハーヘマンは，877年のシャルル・ル・ショーヴ（禿頭王）の埋葬に関する膨大な記述史料を使い，作り上げられたイメージに合うよう，事実が如何にねじ曲げられて

---

76) Origo, *The merchant of Prato*, pp. 338-339; Vandewiele, *Een Middelnederlandse versie*, p. 345.
77) Aloysius, *Troost der zieken*, 2de ed.（Roermond, 1912）, p. 457; Mellie Uyldert, *Lexicon der geneeskruiden*, 15de ed.（Amsterdam, 1992）, p. 164.
78) Aloysius, *Troost der zieken*, p. 255, p. 375.
79) Alfred Vogel, *De kleine dokter*,（Elburg, 1970）, p. 26, p. 285, p. 592.
80) Algemeen Rijksarchief Brussel, Rekenkamers, registers, 2408, derde rekening van Jan Bailliart, fol. 33r. また前注12も参照されたい。
81) Algemeen Rijksarchief Brussel, Rekenkamers, registers, 12, fols. 154r-155r. この報告書は以下の論考で刊行されている。Erik Aerts & Cyriel Vleeschouwers, "Ziekte en dood van hertog Filips van Saint-Pol. Geneeskunde en farmacie aan het Brabantse hof rond 1430", *In de voetsporen van Jacob van Maerlant. Liber amicorum Raf De Keyser. Verzameling opstellen over middeleeuwse geschiedenis en geschiedenisdidactiek*, eds.,Raoul Bauer, Marjan De Smet, Birgitte Meijns & Paul Trio, Symbolae Facultatis Litterarum Lovaniensis. Series A, vol. 30（Leuven 2002）, pp. 334-335.
82) 前注32参照。

きたか，を示したことが想起される[83]。我々の課題解明には，そうした事実操作は存在しない。エドモンド・ヴァン・ディンテルは，自分の『年代記』という作品を公の死去10年ないし15年後に執筆した。しかし，ブラバント公宮廷で当時事態がどのように推移したかについては，十分な知識を持っていた。例えば，彼はフィリップがフランスへの派遣団を送った時，ニヴェルに同じく滞在し，数日後，重篤な公を医師団が診察することになるブリュッセルに一緒に戻っている[84]。公の使節として，また何より公の秘書官として，ヴァン・ディンテルには多くの知己がおり，公的書類を多く閲覧できる立場にあった。彼はそうした書類をもとに執筆したのである。それゆえにこそ，検屍報告書ほぼ全体がまさに一語一語の形で，彼の『年代記』第237節に再現されているのである。ヴァン・ディンテルには報告書の原本を見ることが可能であったか，少なくとも，ブラバント・カルチュラリアに多数収められたコピーの1つに接することができたことは間違いない[85]。今では検屍報告書の写本は1つしか伝来しておらず，それは支出項目を記した会計簿と同様である。実際の所，検屍報告書は議会の命令によって作成された公式書類の一部であって，聖俗あまたの領主や君主たち，都市当局者や市民などに公表する予定となっていた。その主な目的は死亡原因に関する疑いの噂を打ち消すためであった。しかしながら，この書類は結局公表されることはなかったようである[86]。

---

83) Mariëlle Hageman, "Rottend lijk of reliek? De begrafenis van Karel de Kale binnen de vorstelijke beeldvorming," *Millennium. Tijdschrift voor Middeleeuwse Studies* 15, 1 (2007), pp.3-17.

84) Algemeen Rijksarchief Brussel, Rekenkamers, registers, 2408, tweede rekening van Jan Bailliart, fols. 59r, 59v.

85) 例えば，Algemeen Rijksarchief Brussel, Rekenkamers, registers, 10, fol. 392r を見よ。なおヴァン・ディンテルとブラバント公およびその家族との関係については，Stein, *Politiek en historiografie*, pp. 89-90 を参照されたい。

86) ブラバント文書コレクションの当該部分（Algemeen Rijksarchief Brussel, inventarissen tweede afdeling, 99ter, handschriftelijke steekkaartenverzameling, doos XIII, gekopieerd en beschikbaar in de leeszaal van het Algemeen Rijksarchief Brussel als "Toegangen in beperkte oplage," nr. 47 (jaren 1427-1430)）にはそれを示す痕跡は見あたらない。

会計簿，検屍報告書，年代記のいずれも，実際にどのように検屍が行われたかということについて詳しくは語っていない。ブラバント総会計官の会計簿には，「我らの上様を切り開いた人」あるいは「御遺体を切った人」への支払いという記述があるだけである。解剖した人物の名前が具体的に挙げられてないという事実は，執刀現場に望む医師が医学的訓練を積んでおり，しかもその控えめな態度を物語るように思える。ヴァン・ディンテルは，医師および外科術師として高名かつ経験豊かな 7 名の人物が解剖に携わったと記している[87]。検屍はレウヴェンのケイゼルベルフ（Keizerberg）にある公の居城において，議会代表者や関係者多数の列席のもとで行われた。公開の場で検屍を行うというのは格別驚くことではない。その意図は明らかで，解剖をこのように実行することで最大限の透明性を図ろうとしたのであろう。しかも，今回のこの件は，後の時代に見られる「公開劇場とエンターテインメント構築としての大解剖時代」[88]の先触れともなった。大解剖時代には，出席者が執刀医の技術を賞賛と激励で迎えることとなる。'medicus' と 'cyrorgicus' という，年代記と検屍報告書双方に見られる表現は[89]，用語上の相違ではなく，当時の実態，つまり特に医学と外科学が異なる専門職として行われるのが通常だったことを示している[90]。かのアンドレア・ヴェザリウスが明確に

---

87) 死因確定における外科術師の役割の重要性については，Huizenga, *Tussen autoriteit en empirie*, p. 208 を見られたい。

88) Katharine Park, "The Life of the Corpse: Division and Dissection in Late Medieval Europe," *Journal of the History of Medicine and Allied Sciences*, 50, 1 (1995), pp.111-132, p. 129; Rafael Mandressi, "Dissections et anatomie," *Histoire du corps, eds*. Alain Corbin, Jean-Jacques Courtine and Georges Vigarello, 1. De la *Renaissance aux Lumières*（Paris, 2005), pp. 318-320; Santing, "Spreken vanuit het graf," p. 189.

89) 同時代他の史料でのこれらへの言及については，Monique Sommé, "Le cérémonial de la naissance et de la mort de l'enfant princier à la cour de Bourgogne au XVe siècle," *À la cour de Bourgogne. Le duc, son entourage, son train*, ed. Jean-Marie Cauchies, Burgundica I (Turnhout, 1998), p. 44 を参照。

90) 以下の諸研究を見よ。Raf De Keyser, Rik C.F. Dhondt, William Mattens, *Geschiedenis van de ziekenverzorging, dossiers geschiedenis*, 7-8 (Leuven, 1981), p. 28, p. 30, p. 79（1369 年にブリュッヘで書かれた『職業の書』で《医師のマキシミリアン，外科術師で理髪師のモリス》という面白い表現で両職が対比されていることを，本書は紹介している）。この点については更に以下の研究を挙げる。Huizenga, *Bitterzoete*

区分するように，内科医とは「決して解剖をすることはなく，ただ人体に関する書物の知識を蓄えたり，書かれたものを研究したりする存在」で，他方，外科術者や理髪師は「解剖学者たちが書き記したことを理解するほどの教育を受けていない」人々なのである[91]。確かに，大学での医学的教養は極めて理論的なものであり，「医学博士」とは内科医に限られていた。中世後期には医学的実務は助手や従者に任されるか，外科術師ギルドに委ねられるのが常であった[92]。こうした者たちは，骨折や切断四肢を修復したり，瀉血，抜歯を行う役目を負い，あるいは眼球の処置を施したりしたのである。瀉血用

---

  balsem, p. 15, pp. 28-29; Id., "Een nuttelike practijke van cirurgien. Geneeskunde en astrologie in het Middelnederlandse handschrift Wenen, Österreichische Nationalbibliothek, 2818," *Middeleeuwse Studies en Bronnen*, LIV（Hilversum, 1997）, pp. 232-238, pp. 247-251; Id., *Tussen autoriteit en empirie*, pp. 223-229; Ria Jansen-Sieben, "De geneeskunde tijdens Filips de Goede," *Les Pays-Bas bourguignons. Histoire et institutions. Mélanges André Uyttebrouck*, eds. Jean-Marie Duvosquel, Jacques Nazet & André Vanrie, Archives et Bibliothèques de Belgique. Numéro spécial 53（Bruxelles, 1996）, p. 280; Ead., "La médecine sous Philippe le Bon," *Sartoniana* 10（1997）, p. 119, p. 130; Robrecht Van Hee, "De heelkundige praktijk in de 16de eeuw," *Ziek of gezond ten tijde van Keizer Karel. Vesalius en de gezondheidszorg in de 16de eeuw*, ed. Robrecht Van Hee（Gent, 2000）, pp. 197-198, p. 205. いわゆるフランドル外科術の父と呼ばれるヤン・イープルマン（後注 102 参照）は，《医師と外科術師の職は区別なくなされるべきだ》と 1329 年頃に述べている（Ria Jansen-Sieben, "De heelkunde in Vlaanderen tijdens de late middeleeuwen," *In de voetsporen van Yperman. Heelkunde in Vlaanderen door de eeuwen heen*, ed. Robrecht Van Hee（Brussel, 1990）, p. 74）。両職の一体化はもちろん存在し得たし（Huizenga, *Tussen autoriteit en empirie*, pp. 223-225），むしろ中世盛期にはそれが普通だった。Martin Kintzinger, "Phicisien de Monseigneur de Bourgoingne. Leibärtze und Heilkunst am spätmittelalterlichen Fürstenhof," *Francia. Forschungen zum Westeuropäischen Geschichte* 27/1（2000）, pp.92-93.

91）これは，ヴェザリウス著『人体の構成』の序文に見られる言葉である（*De humani coporis fabrica*（Basel, 1543）, fol. 3r）。この文章全体の見事な翻訳は以下のウェブサイトを参照されたい。Daniel Garrison & Malcolm Hast, http://vesalius.northwestern.edu/flash.html. ヴェザリウスは，「ある教師が食事時に（外科術師の如く）ナイフをうまく使っていた」と冗談めかした，という。Robrecht Van Hee, "Andreas Vesalius en zijn leerlingen. De doorbraak van de anatomie," *Ziek of gezond ten tijde van Keizer Karel*, p. 32, n. 26.

92）Antonie M. Luyendijk-Elshout, "De duisternis rondom Vesalius. Het veranderend patroon der geneeskunde in de Lage Landen in de zestiende eeuw," *Tijdschrift voor Geschiedenis* 85, 3（1972）, p.391.

具やランセット針（披針）の研磨と準備あるいはその他の用具は，外科術者から理髪師に委ねられるのが通例であった。15世紀の医療専門技術はガレノス派医学の影響を強く受けており，猿・羊・犬・猫などの解剖所見が人間にも適用できると考えられていた[93]。言葉を代えれば，1430年頃の解剖学的知識は，アンブロワーズ・パレ（1510-1590），A. ヴェザリウス（1514-1564），ピーテル・ヴァン・フォレースト（1521-1597）といった16世紀中葉の医学者たちが到達した水準にはとうてい達していなかったのである[94]。とはいえ，医学と解剖学について，中世的限界とルネサンス的近代性との峻別をあまりに偏って強調することは避けねばなるまい[95]。ヴェザリウスのような偉人は，大きな光明として語られることは確かであるが，彼は決して全き闇の状態から出現したわけではないからである[96]。死者の検分は，遅くとも13世紀末にはイタリアのあちこちの都市で行われていた[97]。14世紀初めには既に，モンディーノ・デ・ルッツィ（1275-1326）なる人物が，ボローニャ大学で解剖を通常の営為として行ったことが知られている。むろん，後にヴェザリウスが刊行物で示したような，科学的所見を伴っていたわけではないが[98]。イタリア都市当局は，解剖学的知識に役立てようと，しばしば罪人の遺体を提供している[99]。モンペリエ大学では，14世紀から解剖学の講義がカリキュ

---

93) 前注91に示した序文での次の言辞を見よ（fols. 3r-3v）。《私に読むことのできるものを書き残した多くの著者たちは，後世に伝えるべき価値のあることを残したが，実は彼らはその多くを（そう言って許されるなら）ガレノスに負っているのである。当代の医学者たちが古代ギリシアのこの人物に寄せる信頼は余りに絶大で，ガレノス版の解剖学書にほんのわずかでも誤りがあろうなどと考える者は1人もいない。いわんや誤りを発見することが可能だとも思わないのだ。》

94) Janssens, "De identificatie van de hertogin Maria van Bourgondië," p. 236, p. 252.

95) これに関しては，En toch was ze rond... *Middeleeuws mens- en wereldbeeld*, Universitaire Faculteiten Sint-Aloysius Brussel, Brussel, 1990 を見よ。なお，15世紀中頃に医学的停滞があったことを認める見解もある。Jansen-Sieben, "La médecine sous Philippe le Bon," pp. 120-122.

96) Luyendijk-Elshout, "De duisternis rondom Vesalius," p. 399, p. 409.

97) Park, "The Life of the Corpse," p. 114, p. 127.

98) An Delva, "Vesalius (Wesel), Andreas (van)," *Nationaal Biografisch Woordenboek* 11 (Brussel, 1985), kol. 800, kol. 801; Mandressi, "Dissections et anatomie," p. 311.

99) C. Santing, "Spreken vanuit het graf," p. 187.

ラムに組み込まれている。また,アヴィニョンやフィレンツェなどの都市では,検屍の命令が定期的に出されてもいる。15世紀後半パドヴァ大学のアレッサンドロ・ベネデッティは,その解剖学的業績で顕彰された[100]。学識豊かなあのレオナルド・ダ・ヴィンチ(1452-1519)も,ローマにあるサン・スピリート教会の地下聖堂でしばしば解剖を行っている。おぞましい儀式的方法で身体をゆっくりと切断する公開処刑は,解剖学を学ぼうとする人々にとって恐らく有益な教えであったことだろう[101]。手引書や教本の数は,ネーデルラントを含め[102]目に見えて増加した。もちろん,印刷技術の発明と導入まではその流通には限界があったのだが[103]。

1430年頃のブラバント公宮廷において,向上した医学知識がどの程度浸透しそれが用いられていたのか,正確なところは不明である。しかし最近の研究によれば,都市が高度に発達・繁栄した南ネーデルラントでは,医療水準は14〜15世紀を通じて極めて高かったと考えられている。様々な都市では,医療ギルドが発生し,それはとりわけ外科と理髪の技術訓練を推奨していた[104]。この地域の医者たちは最新の医学知識を非常に良く吸収してお

100) この点については,Huizenga, *Tussen autoriteit en empirie*, pp. 62-103, とりわけ,pp. 89-94 を見よ。

101) Florike Egmond, "Execution, Dissection, Pain and Infamy – A morphological investigation," *Bodily Extremities: Preoccupations with the Human Body in Early Modern European Culture*, eds. Florike Egmond & Robert Zwijnenberg (Aldershot, 2003), pp. 92-128; Georges Vigarello, "Le corps du roi," *Histoire du corps*, eds. Alain Corbin, Jean-Jacques Courtine & Georges Vigarello, 1. *De la Renaissance aux Lumières* (Paris, 2005), pp. 405-406.

102) ネーデルラントについて最もよく知られているのが,1329年頃の記述とされるヤン・イープルマン『外科学』であろう。Jean-Pierre Tricot, "Jehan Yperman: vader van de Vlaamse heelkunde," *Heelkunde in Vlaanderen door de eeuwen heen. In de voetsporen van Yperman*, ed. Robrecht Van Hee (Gent, 1990), pp. 78-85. 他の例については以下を見られたい。Henri Quick, "Wouter Van Casebancke of Ypres. An unknown medieval surgeon (14th-15th century)," *Acta Chirurgica Belgica, 16* (2006), pp.473-478; Joris Reynaert, "Over medische kennis in de late Middeleeuwen. De Middelnederlandse vertaling van Lanfrancs Chirurgia magna," *Millennium. Tijdschrift voor Middeleeuwse Studies* 113 (1999), pp.24-25.

103) Albert S. Lyons & R. Joseph Petrucelli, *Histoire illustrée de la médecine* (Paris, 1979).

104) Huizenga, *Een nuttelike practijke*, p. 231, p. 271.

り，それを自分の医療施術に応用していた[105]。この職業自体，専門性の高まりという特徴を示し始め，それは一方で専門の特化，他方で職の分化という側面を持っていた[106]。外科術に関する教本が多数，ラテン語から現地語に訳され[107]，翻案や編纂など複雑な過程を経て[108]，関連する種々の職能団体へ伝播していった。ブルゴーニュ公たちは常に医学へ大きな関心を寄せており，医療を何度も統制しようと試みている[109]。その結果，ブルゴーニュ公宮廷では一団の医療スタッフが雇用され，その中には大学出身者が非常に大きな割合を占めていた[110]。このような医学への関心は，ブルゴーニュ公家支配以前のブラバント公領においても存在している。遅くとも13世紀初めから，ブラバント公の側近に医師が何人もいたことが史料から分かるのだ。公とその家族を診る内科医たちは，通常'physici'と呼ばれており，他方'magister'つまり大学で修養した者でもあった[111]。前述したフィリップの侍医ヤン・ヴァンデン・エーレも同様に二重の肩書きを持っていた。彼は，ブレダ出身者で，レウヴェン大学の修士号を獲得していないことは明らかである。なぜならレウヴェン大学創設は1425年であるのに対し，彼は1423年にブラバント公宮廷でその手腕について言及されているからである[112]。ヴァ

---

105) E. ホイジンガが「権威」と「経験」の融合について語ったのも必然である。Erwin Huizenga, *Tussen autoriteit en empirie*.
106) Huizenga, *Bitterzoete balsem*, p. 27; Id., *Een nuttelike practijke*, chapter 6.
107) これについては，中世後期ネーデルラントの医療に関する碩学の指摘を見よ。Jansen-Sieben, "De heelkunde in Vlaanderen," p. 67.
108) Huizenga, *Tussen autoriteit en empirie*, p. 190.
109) Jansen-Sieben, "De geneeskunde tijdens Filips de Goede," p. 282; Ead., "La médecine sous Philippe le Bon," *Sartoniana* 10 (1997), p. 126.
110) Martin Kintzinger, "Phisicien de Monseigneur de Bourgoingne. Leibärtze und Heilkunst am spätmittelalterlichen Fürstenhof," *Francia. Forschungen zum Westeuropäischen Geschichte* 27/1 (2000), p. 94, 特に n. 26 を参照のこと。
111) Fernand Vercauteren, "Les médecins dans les principautés de la Belgique et du Nord de la France du VIIIe au XIIIe siècle," *Le Moyen Âge. Revue d'Histoire et de Philologie* 57, 1-2 (1951), pp.84-85, p. 92.
112)《我が君がレウヴェンで病に伏せってのおいでの節，ヤン・ヴァン・エーレ殿がブレダからおいでになった……》Algemeen Rijksarchief Brussel, Rekenkamers, registers, 2405, fol. 102r. また次も参照せよ。Uyttebrouck, *Le gouvernement du duché*, 1, p. 184.

ンデン・エーレは評判が良かったに違いない。というのも1426年8月レウヴェンに来て講義をするよう誘われているからである[113]。宮廷付き医師という肩書きは，明らかに彼の大学の経歴上昇に十分な機会を与えた。彼は1427年に一学期間母校の学長になっているのである[114]。公フィリップの葬儀に際して，彼は8エル（1エル≒70cm）の長さの毛織物を受領しており，このことは宮廷における彼の地位をおおよそ示してくれるであろう[115]。毛織物の量で言うと，彼は宮廷付き司祭，官房秘書官，式部官や所領会計官たちと同格で，下級の宮廷賄人や書記たち，馬丁，作男と使い走りたちの6エルよりは上であった。しかし，宮廷頭と総会計長官の10エルには及ばなかったようである。公の告解師となると，13エルもの毛織物を受け取っている。この時，ヴァン・デン・エーレは，「医師」（'medecijn'）として言及されており，もはや「内科医」（'phisicien'）ではなかった。これは彼がもはや公の個人的侍医ではなくなっていたことを示すのであろうか[116]？

ヴァン・ディンテルと公式の報告書によれば，7人の医師たちはごく普通のやり方で検屍を進め，心臓，肝臓，肺，脾臓，胃その他毒殺の可能性を示す臓器をすべて検査し，特別な異常を見出すことはなかった。しかし，胃の二重の薄膜の間に腫瘍ないしコブ（'Apostema'）が発見された[117]。伝記作者

---

113) Willem Boonen, *Geschiedenis van Leuven geschreven in de jaren 1593 en 1594*, ed. Edouard Van Even (Leuven, 1880), p. 238, n. 1.

114) Johannes Molanus, *Historiae Lovaniensium libri XIV*, éd. Petrus Franciscus Xaverius De Ram, (Commission royale d'Histoire, in-4°, 1) (Bruxelles, 1861), p. 470; Andreas Valerius, *Fasti academici studii generalis lovaniensis* (Leuven, 1635), p. 28 (《医学博士ヤン・ド・エーレ》という記述を見よ). ヴァン（・デン）・エーレについては更に，Jansen-Sieben, "La médecine sous Philippe le Bon," p. 153 を参照されたい。

115) 宮廷からの下賜用毛織物が社会階層や地位に対して持つ意義に関しては，次の研究を見よ。Robert Stein, "Gifts of Mourning-Cloth at the Brabantine Court in the Fifteenth Century," *Showing Status. Representation of Social Positions in the Late Middle Ages*, eds. Wim Blockmans & Antheum Janse, Medieval Texts and Cultures of Northern Europe 2 (Turnhout, 1999), pp. 51-80.

116) Algemeen Rijksarchief Brussel, Rekenkamers, registers, 2408, derde rekening van Jan Bailliart, fol. 37r.

117) De Dynter, *Chronica nobilissimorum ducum*, p. 498. "Apostema" には二様の意味がある。Johan Wilhelmus Fuchs & Olga Weijers, *Lexicon Latinitatis Neerlandicae Medii Aevi*, 1 (Leiden, 1977) p. 283.

のジョルジュ・シャステラン（1414-1457）は，事態が進行したとき自分がまだレウヴェンの若い学生だったと述べているのだが，その中でもっとずっと簡明な記述をしている[118]。彼によれば，検屍解剖が行われたのは，公の死亡が正式に公表された2日後だったという[119]。しかしながら，会計簿の支出項目を見ると，官房長や多くの顧問官たちが見守る中で，レウヴェンの病院から派遣された看護スタッフが遺体を運び出し，棺に納めたのは早くも8月5日である。6人の医師たちもその日に遺体に付き添い[120]，薬剤師のウィレム・ハンスが遺体防腐剤を提供している。従って，解剖は死後その日に行われたことはほぼ間違いない[121]。あるいは遅くともフランスへの派遣団がトゥールから戻る前である。この想定が正しければ，議会関係者たちは8月5日まで座して待っていたわけではなかったことになる。『ブラバント年代記』（Brabantsche Yeesten）には，ヴァン・ディンテルとほぼ同様の記述が見られる。ただし，それは公の死因を肝臓下部の腫瘍とする違いを見せている[122]。しかしこの点は，史料全体を見るときまた病状の進行自体を見るとき，はっきりと否定される。

---

118) 彼は当時，4つある学部のうち1つで学ぶための準備課程に在籍していた。しかし，何らかの学位を得たというような形跡は残していない。Luc Hommel, *Chastellain, 1415-1474*（Bruxelles, 1945），pp. 26-27; Graeme Small, *George Chastelain and the Shaping of Valois Burgundy. Political and Historical Culture at Court in the Fifteenth Century*（London, 1997），pp. 34-36.

119) Chastellain, *Œuvres*, 2, p. 76.

120) Algemeen Rijksarchief Brussel, Rekenkamers, registers, 2408, tweede rekening van Jan Bailliart, fol. 37v, fol. 38r（遺体の納棺について）; derde rekening, fol. 33r（遺体の聖洗について）．また次も見よ。Gachard & Piot, *Itinéraire de Philippe*, p. 646, n. 1. この時6名の医師にだけ報酬が支払われたようである。というのも，7人目はフィリップの侍医であり，経常支出の帳簿に記録されているからである。

121) この点はシュヴァリエも同様に指摘している。Chevalier, *Les Fêtes et les Arts*, p. 147, n. 9.

122) *De Brabantsche Yeesten*, 3, p. 671, verzen 17723, verzen 17724. ここで，肝臓の腫瘍に関する情報は以下の諸研究に負っている。Piet Avonds, *Brabant tijdens de regering van hertog Jan III（1312-1356）. De grote politieke krisissen,* Verhandelingen van de Koninklijke Academie voor Wetenschappen, Letteren en Schone Kunsten van België. Klasse der Letteren 46, 114（Brussel, 1984），p. 204; Amand & Van Ermen, "De hertogelijke burcht op de Keizersberg," p. 13; Stein, "Des souverains étrangers sur le trône," p. 168.

データが不十分なため，フィリップ・ド・サン・ポールがどのような胃の病気を患っていたのか判定するのは極めて困難である。《腫瘍》（'apostema'）という言葉からすれば，胃潰瘍か一種の胃ガンであった可能性がある。胃ガンの患者は，強い胃の痛みと体重の急な減少という症状を見せる。少なくとも伝来する史料から判定する限り，後者の症状は見られないので，胃ガンという結論にはなるまい。当時の人々が，フィリップの体重に減少がなかったということをわざわざ強調しようとしたとも思われない。

　いずれにせよ，彼らはこの公を《極めて頑健》（シャステラン），《若く力強い》（検屍報告書）と述べているのである。一方ガンであることを示す要因の1つは，しばしば腫瘍の存在が診断されることである。フィリップが病の床に伏せた7月18日には，医師たちが早々と内臓にコブがあると結論を下していた[123]。だがこれは胃潰瘍だった可能性が高い。そう考える理由はまず何といっても潰瘍の位置であって，これは胃の場合粘膜（報告書とヴァン・ディンテルの双方で 'pelliculas' と記されている）がただれることから始まる。しかも，みぞおち部分の痛みは通常，温冷いずれかの圧迫包帯を処置したり，ある種の薬（例えば，万能解毒薬（'metridatum'））を飲めば，治まったり，一時的に和らいだりするものだ[124]。そうであるからこそ，病状が出ている間にも，フィリップが非常に活発に動き回り，行事に列席したり，公領内を馬で巡行したりできたのではないか。もし病気が悪性腫瘍でなく，単なる胃潰瘍（進行すればガンになりうるが）だったとすれば，公はニヴェルから帰還して間もなく胃に小さな穴が空いたのかも知れない。その反応として，感

---

123) ヴァン・ディンテルは次のように語る。《もともと深刻だった病が更に悪化した……。医師たちは胃に腫瘍があると判断した。》 De Dynter, *Chronica nobilissimorum ducum*, p. 497. 6月18日に提出されていた検屍報告書にも同様な診断結果がある。《更に，吐血という症状から見て公の胃には腫瘍があるのだと，彼らは診断を下している》（Algemeen Rijksarchief Brussel, Rekenkamers, registers, 12, fol. 154v）。無論この結論は，解剖所見にある種の統一性とより大きな権威を持たせるために，検屍報告書へ追記された可能性はある。

124) 検屍報告書もヴァン・ディンテルも《たびたび発熱があった》という記述を残している。Algemeen Rijksarchief Brussel, Rekenkamers, registers, 12, fol. 154r; De Dynter, *Chronica nobilissimorum ducum*, p. 497.

染症の部位を保護するために薄皮膜（報告書では 'pelliculae' と記されている）ができたのではないか。更に敷衍すると，胃潰瘍は血管を傷つけ，大量の出血を引き起こしうる。胃の出血は，吐血と吐瀉（'per saniei evomitionem' と記されている）を伴うが，公の場合そうした症状が確かに見られた。そして，吐血を繰り返すと貧血状態を引き起こし，顔面蒼白となる。従って公の死去数日前には結末は誰の目にも明らかであった[125]。宮廷顧問官たちが，婚礼向けに用意していたワインを 8 月 3 日に売り払ったことも，さほど奇異なことではなかったのである。

　胃潰瘍であれ胃ガンであれ[126]，公は自然死したということで検屍医たちの結論は一致した。この所見に議会は満足し，噂も下火となった。次なる関心は埋葬儀礼であり，その後の公位継承問題となった。遺言でフィリップはレウヴェンにほど近いテルヴューレンという村への埋葬を希望していた。ただその前にまず必要なのは，遺骸の防腐処置である。

6. 防腐処理とその理由

　会計簿の記述からすると，公の死後すぐに検屍が行われ，遺骸は 8 月 5 日にはもう運び出されたことは確かである。そうであれば，なぜ遺体に防腐処置をする必要があったのかという疑問がわいてくる。埋葬はすぐにできなかったのだろうか？　無理だったに違いない。カーティン・サンティングがまさに指摘するとおり，死者の生前の栄光と勝利を映し出すためにも，遺体に手を加え，荘厳な葬儀を演出する必要があったからである。大規模な葬送の儀は，政治権威にもとづいた儀礼的顕示であり，死去した支配者が生前保

---

125) Frank H. Netter and Ernst Oppenheimer, *Digestive System. Part I. Upper Digestive Tract*, 5th ed.（New York, 1978), pp. 165-185.
126) この 2 つの死因については，過去多くの歴史的人物に対してもしばしば問われてきた。ナポレオンの死を論じたフルーンの著書（前注 6 参照）について，ある書評で J. プレッセル教授は次のように述べている。「ナポレオンは胃ガンではなく，胃潰瘍で死亡したのだろうか？　フルーンは確かに一旦は確かな結論に達した。しかしながら，彼は自分の確信を読者に完全に伝えきってはいないのだ」（*Tijdschrift voor Geschiedenis* 76, 1（1963), p.112)。

持していた重要な地位を誇示するものであった[127]。王侯など重要人物の葬儀には多大の準備が必要であるということとは全く別に，公位継承者の問題が存在した。従兄弟にあたるブルゴーニュ公フィリップ・ル・ボンが，生前の公によって指名されていたが，彼だけに継承権があったわけではない[128]。加えて議会の側も新しい権力保持者となるべき人物の条件を整えるべく，8月から9月にかけ慎重にではあるが熱のこもった議論を進めていた[129]。前公の死去から2ヵ月後，ようやくフィリップ・ル・ボンが新ブラバント公として，レウヴェンで入市式を執り行うこととなった。その前2ヵ月間は原則からいえばブラバント公領は統治権力不在であって，現実には身分制議会の指示によって公の顧問会が統治を行っていた。しかしこの議会の新体制に関する政治折衝の正当性も，実は公的権威の具現者とみなされたブラバント公の人格から授けられたものであった。つまり，当時の政治的通念に従えば，たとえ死体となっても公が物的に存在している間は，統治の継続性が議会によって保たれる，ということなのだ。こう考えれば，逝去したフィリップが，新公が支配権を継受した後やっと埋葬された理由も明らかとなろう[130]。

上記の期間を通じて，遺骸はレウヴェンの居城にある礼拝堂で棺台に乗せられ，黒い布が台全体にかぶせられていた。死体が崩壊していくことに対する暴力的なほどの嫌悪，『中世の秋』でのホイジンガの言によれば，それは現世を拒否しつつも同時に物質的なものを追求する後期中世の思惟と結びつ

---

127) Santing, "Spreken vanuit het graf," p. 182; Hageman, "Rottend lijk of reliek?," p. 7.
128) De Dynter, *Chronica nobilissimorum ducum*, p. 500, p. 501; Wim Blockmans & Walter Prevenier, *De Bourgondiërs. De Nederlanden op weg naar eenheid 1384-1530*（Amsterdam, Leuven, 1997）, pp. 115-116. 当該時期の複雑な政治状況と継承権者に関しては，次の好論文がある。Robert Stein, "De affaire Van Borselen en de consolidatie van de Bourgondische macht in de Nederlanden（1425-1435）," *Bijdragen en mededelingen betreffende de gschiedenis der Nederlanden* 124（2009）, pp. 11-12.
129) Richard Vaughan, *Philip the Good. The Apogee of Burgundy*（London, 1970）, p. 61.
130) この点に関して，Avonds, *Brabant tijdens de regering*, pp. 204-205 は前述のヴァン・ディンテルおよび *Brabantsche Yeesten* に依拠して論じている。また以下の諸研究も見よ。Amand & Van Ermen, "De hertogelijke burcht op de Keizersberg," p. 13 ; Boonen, *Geschiedenis van Leuven*, pp. 50-51; Chevalier-De Gottal, "La Cour de Brabant," p. 114 ; Stein, *Politiek en historiografie*, p. 249.

いていたのだが[131]，ともかく解決を要する問題であった。つまり，我々のいう防腐処理あるいは15世紀時点でのそれに当たる処置が必要とされたのである。そうした習慣は，中世後期の支配層について既に古くから存在し，例えば法王の遺体にも中世盛期からずっと同様に防腐処理が施されてきていた[132]。死体が腐らないよう完全に保護するため古代に使用されてきた高度な技術は，中世を通じて失われてしまった。複雑なミイラ化の技術はもはや知られていなかったのである[133]。西ローマ帝国滅亡後，メロヴィング諸王の遺体防腐処理に関する史料が残されており，その中には，内臓を無造作に抜き取った後，全体を香草で包み塩をふりかけることが記されている。多くの研究者たちがカロリング期には防腐の慣習が廃れていったと述べているが，死んだ王侯たちの内臓を抜き取るということは12世紀になお広く行われていた[134]。10世紀には早くも，防腐処理を「王にふさわしい仕方で（行う）」（more regio）と比喩的に記されているのだ[135]。しかし技術は未熟であった。しかも支配者はしばしば居城から遠いところで死ぬことがあり，略式の防腐処理でさえ困難なことが多かった。そうした状況では，遺体はばらばらに切断された後単純に茹でることで，肉と骨とを分離していた[136]。こうした慣習は神聖ローマ帝国でよく見られたため，「ドイツ方式」と呼ばれていた。

---

131) Johan Huizinga, *Herfsttij der middeleeuwen. Studie over levens- en gedachtenvormen der veertiende en vijftiende eeuw in Frankrijk en de Nederlanden*, 13th print（Groningen, 1975），p. 139. 次の英語版も参照されたい。Johan Huizinga, *The Waning of the Middle Ages: A Study of the Forms of Life, Thought, and Art in France and the Netherlands in the XIVth and XVth Centuries*（London, 1954），p. 143.

132) Santing, "Spreken vanuit het graf," pp. 187-188.

133) Roger French, *Dissection and Vivisection in the European Renaissance*（Aldershot, Hampshire, 1999）．

134) Alain Erlande-Brandenburg, *Le roi est mort. Etude sur les funérailles, les sépultures et les tombeaux des rois de France jusqu'à la fin du XIIIe siècle*, Bibliothèque de la Société française d'archéologie, 7（Genève, 1975），pp. 27-29; Mandressi, "Dissections et anatomie," pp. 311-317; Park, "The Life of the Corpse," pp. 111-112.

135) Hageman, "Rottend lijk of reliek?," p. 9.

136) Huizinga, *Herfsttij der midddeleeuwen*, p. 140. 更に詳細は，Leunens, *Begrafeniscultuur bij de Brabantse*, pp. 66-68 を参照。

骨と内臓はしばしば現地で埋葬されたが，高貴なる臓器（主に心臓）は，また頭蓋骨もよく持ち帰られた。こうしたやり方はイタリアではあまりなじみがなく，また容易でもなかったため，法王ボニフェウス 8 世は 1299 年に「ドイツ方式」とりわけ「ヒトの体を切断する」という「忌まわしき蛮行」を禁じている[137]。

検屍報告書も含め，フィリップ・ド・サン・ポールの亡骸の処置について記したものは多くない。しかし，ブラバント総会計長官の会計簿にはやや細かな記載がある。そこには他の有名なブルゴーニュ公たちに行った死後処理について一般的な叙述が付け加えられている。フィリップの場合にも，防腐処理人たちが脳や様々な器官，内臓を取り出すことから始めたことが述べられている[138]。脳についてみると，頭部が恐らくまず胴体から切り離され，その際頸椎部分も取り除かれる。次いで頭頂部を円形に切断して脳を取り出すのである[139]。胴体から内臓を取り出すには，胸骨を切り取って胸部を開いた。しかしこれでも不十分なときには，あばらの軟骨を切断して肋骨のほとんどを除去する必要があった[140]。この作業の過程で取り出された内臓はすぐに埋葬されるのが通例であった。以上が，我々のフィリップの祖父であるフィリップ・ル・アルディが 1404 年にハル（ブリュッセルから 15 km）

---

137) Park, "The Life of the Corpse," pp. 112-113; Rafael Mandressi, "Dissections et anatomie," p. 311. 続いて以下も見られたい。Erlande-Brandenburg, *Le roi est mort*, p. 30; Elizabeth A. R.Brown, "Death and the human body in the later Middle Ages: The legislation of Boniface VIII on the division of the corpse," *Viator 12* (1981), pp.221-270.

138) Chevalier-De Gottal, "La Cour de Brabant," p. 113 は，レウヴェンの薬剤師ウィレム・ハンスは 2 人の助手とともに公の遺体を切開した人物だとしている。それも十分考えられる。既に見たように，彼が薬剤を供給して遺骸に防腐処理を施しているからである。しかし会計簿にはっきりと彼の名が記されているわけではない。薬剤師や薬種商はむしろ防腐処理人として姿を現すことが多い。Sommé, "Le cérémonial de la naissance," p. 42.

139) こうした技術，とりわけマリー・ド・ブルゴーニュに施されたものに関して，Janssens, "De identificatie van de hertogin," pp. 238-240 を見よ。また 15～16 世紀について同様な事例に言及した以下の研究も付け加えたい。Robert G. Mayer, *Embalming: History, Theory and Practice* (Norwalk, Connecticut, 1990), pp. 33-34: Bosman-Jelgersma and Van der Waa, "Pieter van Foreest," p. 132.

140) ここでも Janssens, "De identificatie van de hertogin," pp. 240-241 を参照のこと。

で死んだときの状況である。彼の遺体を防腐処理する中で，内臓は現地の聖マリア教会に埋められた[141]。フィリップ・ド・サン・ポールの場合はそれと違っていたことが分かる。それは，1431年7月31日以降伝来するレウヴェン公居城の家具調度類目録での記載という稀な偶然によるものである。この目録には壺が挙げられており，それに公の内臓を入れて運びテルヴューレンで埋めたと記されているのだ。恐らく胴体も一緒だったであろう[142]。やや気持ち悪いことだが，この壺は1431年には居城の台所に置いてあったものである。さて，内臓が取り出された後，胴体は丁寧に清められた。特に内部はバラの香水を使ったり，海塩，ミョウバン，アロエの混合煮沸液を浸したスポンジを使ったりしている[143]。フィリップに対してもこれらの材料が用いられたことは間違いない。なぜなら，レウヴェンの薬剤師ハンスがバラの香水とそれぞれ2ポンドの海塩，アロエ，ミョウバンを提供しているからである。海塩は，年間総雨量が少なく，夏季の温度が高くて海水を蒸発させるのに適した海浜地域で生産される。「アロエ」あるいは「ロカイ」は，インド洋に浮かぶソコトラ島に生えるアロエ科の植物で，当時最高品質のもの

---

141) Charles Commeaux, *La vie quotidienne en Bourgogne au temps des ducs Valois (1364-1471)* (Paris, 1979), p. 276; Richard Vaughan, *John the Fearless. The Growth of Burgundian Power* (London, New York, 1979), p. 1; Id., *Valois Burgundy* (London, 1975), p. 181.

142)《さらに，陶器製の壺ひとつ。これに先のフィリップ公の内臓を入れて運び，テルヴューレンにて埋葬せり》。この目録の写本はブリュッセル国立文書館に保存されている (Algemeen Rijksarchief Brussel, Rekenkamers, registers, 632, fol. 253v)。また以下も参照されたい。Amand, *De hertogelijke burcht op de keizersberg*, 2, pp. 204-205, 3, annex 3; Amand & Van Ermen, "De hertogelijke burcht op de Keizersberg," p. 27; Antoine Guillaume Bernard Schayes, *Analectes archéologiques, historiques, géographiques et statistiques concernant principalement la Belgique* (Antwerp, 1857), p. 219. なお，Antoine Guillaume Bernard Schayes, "L'ancien château des comtes de Louvain et des ducs de Brabant, à Louvain," *Annales de l'Académie d'Archéologie de Belgique*, 11 (1854), p. 39 は，この目録の日付を1436年7月31日だと記している。Amand & Van Ermen, "De hertogelijke burcht op de Keizersberg," p. 17, n. 71 は，これは刊行時の誤記である，と正当に指摘しながらも，他方で，1430年頃の目録だと誤解してもいる。

143) Mayer, Embalming: History, p. 34. あのオラニェ公ウィレムの遺体防腐処理の際には，酢も使用されている。Santing, "Spreken vanuit het graf," p. 189.

と考えられていた[144]。これは医療用には下剤に使われる非常に苦い汁だが，今見ている状況では，主として細胞組織を強化するために使用されたようだ[145]。あるアラブの医師たちによると，アロエはミルラという（樹脂製）香料と併用することで，体組織の崩壊を強力に防ぐ手段となったという[146]。ミョウバンとは，アルミニウムかカリウムの複合塩であり[147]，海塩と同様今でも防腐剤として使用されている[148]。

遺体の次なる処理工程は，体内に様々な香草や詰め物を施すことである。これらは，亡骸の崩壊を防ぐか，少なくとも遅くすると期待されていた。総会計長官会計簿の葬儀に関する部分が，全体にどのような詰め物が使用されたかについて余すところなく語ってくれる[149]。それらはすべて，レウヴェンの薬剤師ウィレム・ハンスが提供したもので，彼は公の生前，医師たちの求めに応じて何度も医薬品を供給していた[150]。請求書を見ると，ハンス自身が詰め物を施す作業を行ったようだ。そのために，彼は植物成分の大半を粉にして使い，多くのミネラルと化学物質も併用した。植物成分を粉砕す

---

144) De Backer, "Farmacie te Gent," p. 218; Leo J. Vandewiele, De *"Liber Magistri Avicenne" en de "Herbarijs": Middelnederlandse Handschriften uit de XIVe eeuw* (*Ms. 15624-15641 Kon. Biblioteek te Brussel*) *2 Herbarijs*, Verhandelingen van de Koninklijke Vlaamse Academie voor Wetenschappen, Letteren en Schone Kunsten van België. Klasse der Wetenschappen 83 (Brussel, 1965), p. 488; Vandewiele, *Een Middelnederlandse versie*, p. 314.

145) Uyldert, *Lexicon der geneeskruiden*, p. 120.

146) Santing, "Spreken vanuit het graf," p. 191.

147) De Backer, "Farmacie te Gent," p. 218 ; Vandewiele, *Een Middelnederlandse versie*, p. 315. 古くより幾つかのミョウバンの種類が知られていた。これについては，次の概説を見よ。 Daems, *Boec van medicinen*, p. 219.

148) Mayer, *Embalming: History*, pp. 127-142, chapter 6: "Embalming Chemicals" を見よ。

149) これは非常に幸運なことと言える。例えばマリー・ド・ブルゴーニュの埋葬に関する会計簿には，次のような言葉以外，ブリュッヘの薬剤師への支払いについて殆ど何も記されていないからである。《防腐処理および彼の者のその他の薬品……故姫君の御遺骸に防腐措置を施すために……》。Lille, Archives départementales du Nord, séries B, 2127. また以下も参照。Thibaut Davidovic, *Examen du compte de la Recette générale des Pays-Bas pour l'année 1482 n.s.* (*Lille, Archives départementales du Nord, n° B 2127*), unpublished master thesis Université libre de Bruxelles (Bruxelles, 1966-1967), p. 126.

第 I 章　フィリップ・ド・サン・ポールはなぜ死んだか

るというのは医療に限らず，調理でも行われる。まず材料を乾燥させ，小さく切って，すり鉢の中ですりつぶすか粉末状に砕く[151]。会計簿から，普段用いられるような成分が幅広く使用されたことが分かる[152]。「アラビアゴム」あるいは「アカシア」は特に胃の病気に効くとされる医療・薬用物である[153]。更に，ラテン語で「ザクロの皮」と記されたもの[154]，「イトスギの実」[155]，「ミルラ」，「ガリアの葡萄」あるいは「シナモン」(桂皮)[156]，8ポンドもの「タイム」[157]と「乳香」[158]の混合物でいずれも粉末，「水銀」[159]そして，あらゆる種類の樹脂が記載されている[160]。これら多くの物質は当

---

150) この家名はレウヴェンでよく知られていた。Boonen, *Geschiedenis van Leuven*, p. 275. この薬剤師は，1425年に種々の薬草や粉物，薬品を供給していた商人と恐らく同一人物であろう。Raymond Van Uytven, *Stadsfinanciën en stadsekonomie te Leuven van de XIIe tot het einde der XVIe eeuw*, Verhandelingen van de Koninklijke Vlaamse Academie voor Wetenschappen, Letteren en Schone Kunsten van België. Klasse der Letteren, 44, (Brussel, 1961), p. 295, n. 5.

151) Daems, *Boec van medicinen*, p. 225; Huizenga, *Bitterzoete balsem*, p. 39.

152) それらの一覧については，以下を見られたい。Bosman-Jelgersma and Van der Waa, "Pieter van Foreest," pp. 133-139; Mayer, *Embalming: History*, pp. 33-34.

153) Aloysius, *Troost der zieken*, p. 347; Vandewiele, *Een Middelnederlandse versie*, p. 331.

154) Vandewiele, *Een Middelnederlandse versie*, p. 83, p. 316, p. 344.

155) De Backer, *Farmacie te Gent*, p. 229; Vandewiele, *Een Middelnederlandse versie*, p. 101, p. 325.

156) Vandewiele, *Een Middelnederlandse versie*, p. 163, p. 329.

157) Vandewiele, *De "Liber Magistri*," p. 260; Vandewiele, *Een Middelnederlandse versie*, p. 350.

158) 前出注64参照。

159) Vandewiele, *De "Liber Magistri*," p. 498; Vandewiele, *Een Middelnederlandse versie*, pp. 33-34. 遺体処理の際に水銀を使用するという点については，Bosman-Jelgersma and Van der Waa, "Pieter van Foreest," p. 133, p. 136を見よ。

160) これらのうち，2ポンド分が粉末の乳香樹脂 'masticis pulverati' である。De Backer, *Farmacie te Gent*, p. 228; Vandewiele, *De "Liber Magistri*," p. 495; Vandewiele, *Een Middelnederlandse versie*, p. 336. また，ウサギギクの樹脂あるいは棒状アカシア樹脂 'acacia storatis calamicte' が葦の茎のような形で売られていた。Vandewiele, *De "Liber Magistri*," p. 271; Vandewiele, *Een Middelnederlandse versie*, p. 100, p. 203, p. 247, p. 349. 事実会計簿には，4ポンドの棒状樹脂について記載がある。ただしここで，'storatis' は 'storacis' と読み替えるべきであろう。会計簿を作成した役人たちは，こうした書き誤りを非常に多く犯している。この点については以下を参照せよ。Daems, *Boec van medicinen*, p. 242; Braekman, "Fragment van een nieuw," p. 230, n. 46.

時の防腐処理工程で一般的に用いられたものである。海塩，ミョウバンと並んでフェニル水銀とアラビアゴムに言及があるが，後者は特に水分吸収剤としての特性を持っている[161]。ミルラやシナモンなどといったその他の香草類も，既に何百年にわたって防腐処理に使用されてきたものである。全部合わせると 27.5 ポンド約 13 kg となり[162]，これは 15～16 世紀にかけて幾つか見られる他の防腐処理での分量に極めて近いものである。

　頭・首・胸・腹各部位を全部縫い合わせて防腐処理工程は終わる。それぞれ 8 ポンドかそれ以上もの白黒の防腐用タールが，切開跡と体の穴の部分に塗られ，身体全体にはコロフォニウム（colofonium）が強くこすりつけられる。コロフォニウムというのは，ヴァイオリン作製に使用される樹脂で，松ヤニからテレピン油を製造する際に得られる黄褐色の副産物である[163]。酒樽を封印する時などにもこれが使われる。しかしいかに丁寧に行われたにせよ，現在の解剖と防腐処理の専門家からすれば，全体の処置はせいぜい「肉屋の見事な仕事」としか言えないようなものであった[164]。フィリップの遺骸はワックスを染みこませた 12 エル長の布できっちりと覆われた[165]。布に巻か

---

161) Mayer, *Embalming: History*, p. 136.
162) 以上すべての抜粋項目について，1 ポンドおよそ 470 グラムとして計算した場合である。これは当時ブリュッセルの薬局で使われていた重量換算である。Herman Van der Wee, *The Growth of the Antwerp Market and the European Economy (Fourteenth-Sixteenth Centuries)*, 1 (Leuven, Paris, Den Haag, 1963), p. 78. また，およそ 24 ポンド分がミョウバンとアロエ，海塩，木タール，コロフォニウム（本文参照）である。
163) Vandewiele, De "*Liber Magistri*," p. 208, p.491; Vandewiele, *Een Middelnederlandse versie*, p. 323. オラニェ公ウィレムの遺骸処理と比較せよ。Santing, "Spreken vanuit het graf," p. 190.
164) この点については，ポール・ヤンセンス Paul Janssens (†) の対談（*De Standaard*, 12-13 mei 1979）を見よ。
165) フィリップへのこうした処置は当時ごく普通のものだったようだ。彼の祖父ブルゴーニュ公フィリップ・ル・アルディと父アントワーヌにも 1404 年と 1415 年の死亡時に同じ防腐工程が施されている。Vaughan, *John the Fearless*, p. 1; Chevalier-De Gottal, "La Cour de Brabant," p. 88. また，ペトルス・フォレストゥスという人物が，1410 年から 1584 年にかけて，防腐処置後布地にくるまれた遺体がどれくらいの数にのぼるかを記しているという。Mayer, *Embalming: History*, p. 33.

れた身体には服をまとわせ，救護院の修道女たちが丁重に扱いつつ[166)]，四角い木製の棺に安置した。それは更に2つ目の大きい棺桶に納められた。ヤコブ・ド・コルトストラートというレウヴェンの別の薬剤師が《この棺桶を封印するために》47 ポンドのタールを提供したことが分かっている[167)]。しかる後，2つの棺は鉛製の箱に移された。様々な木製部分を伴った鉛の棺桶というのは，木材だけでできた柩よりも長持ちするため，当時よく用いられていたのである[168)]。

7. 結　論

1430 年 8 月フィリップ・ド・サン・ポールの不慮の死は，後にネーデルラント最後のブルゴーニュ統治者となる大公フィリップ・ル・ボーが 1506 年に突然死去した状況と大変良く似ていた。彼もまた世上誉れ高い騎士であり，情熱の狩人，弓矢の天才といわれた人物であった。彼も同様に，死去前には健康状態は良いと周囲から考えられていただけに，良からぬ企みがあったのだという噂が立つこととなった[169)]。中世の人々は毒殺を怖れており，想定外のあるいは異常な死亡には，毒が盛られたのではないかと考えること，たびたびだったのである。年代記作者シャステランが，自分の生きている社会で「毒物」が持つ役割を語った際の言葉を引用しよう。「多くの人たちが，(毒殺について) 想像をあれこれと巡らせている」[170)]。しかしながら，ここで見てきた事例に関しては，犯罪の企図は存在しなかった。病状について語る史料は少ないが，比較的豊富な治療過程の情報もつき合わせて考えると，長

---

166) 前注 120 参照。
167) Algemeen Rijksarchief Brussel, Rekenkamers, registers 2408, derde rekening van Jan Bailliart, fols. 35r, 35v.
168) Mayer, *Embalming: History*, p. 34; Mulier, "De opgraving en de identificatie van de gebeenten," p. 40, n. 77; Santing, "Spreken vanuit het graf," pp. 192; Sommé, "Le cérémonial de la naissance," p. 42. 今日よく使われるのは亜鉛製の棺である。
169) Jean-Marie Cauchies, *Philippe le Beau. Le dernier duc de Bourgogne,* Burgundica, VI（Turnhout, 2003）, pp. 204-208.
170) Chastellain, *Œuvres*, 2, p. 75.

年胃を患い，しまいには胃潰瘍あるいは更にそれが胃ガンにまで発展して死に至ったことが十分に想起されるのである。恐らく大量の出血が患者にとって決定的であったろう。その時侍医には殆ど手の施しようがなかった。彼がとった治療法は，15世紀当時の裕福な患者に対する標準的な処置手段であったことは間違いないのではあるが。フィリップが亡くなる前数ヵ月間に購入された薬剤の費用は，40ブラバント・グロート貨で70から75ポンドにのぼる。当時アントウェルペンでレンガ工のような熟練労働者は，夏の1日で8グロートほどを稼いだ。冬はそれよりやや少なくなるが[171]。これは，彼の主君たるブラバント公が必要としたと同じだけの薬を買おうとすると，年収の1.5倍以上をも支払わねばならないことを意味しているのだ[172]。

「15世紀末までは……，検屍に関する知識は殆どなかった」とカタリーヌ・パークは1995年に述べている。ここで彼女は，「検屍」という言葉を「検屍解剖」あるいは「解剖学的解明の一部として遺体を切り開くこと，場合によっては四肢を切断すること」という非常に狭い意味で使用している[173]。しかし，本論で示したような事例は，死後検分の歴史を改めるのに役立つであろう。現代の目からすれば，中世後期の解剖学的知識は遅れたものに見えるにもかかわらず，フィリップの検屍医たちには，解剖を行うことでさほど困難なく，胃の病という診断を下している。実は，中世後期の医療は魔術や占星術になお強く彩られており[174]，医学的知識と訓練を積んだ者にとってさえ，この医学的発見は驚くべきことにはあたらなかったのである。というのも，

---

171) Van der Wee, *The Growth of the Antwerp Market*, 1, p. 337, appendix 27/2.
172) 年間の最大雇用日数は260日から270日とされる。John Munro, "Builders' Wages in Southern England and the Southern Low Countries, 1346-1500: A Comparative Study of Trends in and Levels of Real Incomes," *L'edilizia prima della rivoluzione industriale secc. XIII-XVIII. Atti della "Trentaseiesima Settimana di Studi" 26-30 Aprile 2004*, ed. Simonetta Cavaciocchi, Istituto Internazionale di Storia Economica "F. Datini" Prato. Serie II – Atti delle "Settimane di Studi" e altri Convegni, 36 (Firenze, 2005), p. 1029. なお，筆者はフィリップに対する医療の財政的側面に関する論文を準備中である。
173) Park, "The Life of the Corpse," p. 114.
174) Jansen-Sieben, "La médecine sous Philippe le Bon," pp. 122-124; Kintzinger, "Phicisien de Monseigneur de Bourgoingne," p. 106.

当時の占星術的思考様式においては，天与の肉体と黄道十二宮の印とは，身体内外のどこかに直接影響したり現れたりするとされていた[175]。フィリップは獅子座の生まれだった。そのことと特に胃の不調ということとは容易に結びつけられ得たのである。つまり，「獅子が心臓と胃を駆けめぐったのだ」と[176]。

　防腐処理は，検屍作業ほど上首尾とはならなかった。厳密な意味でのミイラ化ではなかったため，時間の経過による劣化対策には不十分だったのである。その上未熟な技術による結果が当時の人々にとっても，極めてやっかいな形で分かるようになってきた。数週間後礼拝堂に安置された遺体から恐ろしいほどの悪臭が漂い始め，そのためそこの窓ガラスを取り替えなくてはならなかったのである[177]。伝来する史料から窺える限りでは，防腐技術は当時識者たちによって伝えられたものに完全に則ったものであった[178]。むしろ驚くことに，若き公の身体は分割されていなかった。遺体の分割あるいは四肢をバラバラにすることは，埋葬場所を複数にできるということで，当時北西ヨーロッパの高位貴族層や支配者層の間ではよく見られる慣行であった[179]。無論ブルゴーニュ公領としてのネーデルラントも同様である。フィリップ・ド・サン・ポールが自分の居城で息を引き取り，自分で選んだ安息の場所がそこから 15 km ほどのところだったという事実が，遺体分割されなかった要因であろう。

---

175) Brévart, "Between Medicine, Magic, and Religion," p. 32, n. 102; Huizenga, *Bitterzoete balsem*, pp. 14-15; Id., *Een nuttelike practijke*, p. 23.
176) ここでの引用文は右による。De Vreese, *Middelnederlandsche geneeskundige*, p. 75, n. 262. 同様な記述については，Huizenga, *Een nuttelike practijke*, p. 67, n. 14 を見よ。
177) Amand, *De hertogelijke burcht op de keizersberg*, 1, p. 64; Amand & Van Ermen, "De hertogelijke burcht op de Keizersberg," p. 13.
178) Santing, "Spreken vanuit het graf," p. 181.
179) Park, "The Life of the Corpse," p. 111, p. 114. ただしイタリアでは遺体分割はそれほど見られない。この点については，ibid., p. 115 参照。

図表5　テルヴューレンの聖ジャン教会

　テルヴューレンの聖ジャン教会内陣にあるフィリップの墓は，1866年に開かれた。鉛製の棺は，185 cm長，38 cm幅でなお保存状態が良かったが，開棺時に半分損壊してしまった。その中から，多数の骨とやや変形した頭蓋骨が現れた[180]。これらが，もしも長命であったなら，ブラバントの歴史を大きく変えたであろう統治者の最後の姿なのである[181]。

---

180) August Mertens, *Étude sur l'église de Tervueren au point de vue historique et archéologique* (Bruxelles, 1891), p. 101. 次の2文献も見よ。Scarcez-Godart, *Philippe de Saint-Pol*, p. 575; Chevalier-De Gottal, "La Cour de Brabant," p. 120. なお，後者の研究はまた右のそれに依っている。ただしそれは新知見を呈示しているわけではない。Jules Egied Davidts, *Geschiedenis van de parochie Tervuren en de Sint-Janskerken* (Mechelen, 1965). この点次の研究も同様である。Geert Berings, *Tervuren in de Middeleeuwen. Aspecten van de Brabantse geschiedenis* (Gent, Tervuren, 1984), p. 70.

181) 聖ジャン教会内陣の中央部には，17世紀初頭に設置された墓石があり，そこにはラテン語で3人のブラバント公（アントワーヌ，ジャン4世，フィリップ）の墓碑銘が刻まれている。フィリップの遺骨を再度発掘・調査すればなお豊かな知見が得られるであろうが，今のところ再発掘の可能性はない。

第II章

中世後期ヨーロッパに貨幣不足の危機はあったか

1. 中世後期の危機およびその要因としての貨幣不足

　自分の生きた時代の劇的な出来事に恐らくは影響されたせいであろう。歴史研究者たちの中には既に1930年代から，ヨーロッパ中世後期の特定の危機的現象に注目する者がいた。しかしながら，14世紀あるいは少なくとも15世紀前半の全般的後退，落ち込み，収縮あるいは不況が，経済や社会，政治，芸術あるいは知的分野にまで打撃を与えたのだ，という認識が広く行き渡るようになるのは，第2次大戦を終えてのことである[1]。この時初めて，著名な中世史研究者たちが確実な証拠をもとに，フランス，イギリスやドイツといった国々についてそのことを示すに至った。あのW. アーベルやR. ヒルトン，E. ペロワ，M. ポスタンたちによる「中世後期の危機」，「封建社会の苦悶」，「経済収縮の時代」といった言葉を思い起こされたい。少し後になって，同様な研究がボヘミア，ベルギー，イタリアについても出現する。とりわけ，1950年8〜9月パリ，1955年9月ローマで開催された国際歴史研究集会で，M. モラやA. サポリ，Ch. フルリンデンといった，名だたる研究者たちがそうしたテーマで報告したのをきっかけに，中世の終わりにはヨーロッパが暗黒の歴史を引きずったのだ，という共通認識があらゆるテキストに記されるようになった。つまり50年代末には，1919年にあのヨハン・ホイジンガが「中世の終焉（秋）」の名文句で最も陰鬱に表現していた状況が，そのまま固まりそして広まったのである。

　それ以来，中世の「大不況」に関して，原因や特徴，時期と場所そして

---

1) F. Graus, *Das Spätmittelalter als Krisenzeit. Ein Zwischenbilanz* (Mediaevalia Bohemica. Supplementum, 1), Prague, 1969, p. 6, pp.11-12, p. 14.

その結果などが議論の的となってきた[2]。研究論文や学会を通じた検討の結果，1300年から1450年にかけては，以前強調されたほど悲観的な状況にはなかったことが今や我々の確固とした知見となっている。フランドル[3]とその周辺あるいはイタリア[4]といった極めて躍動的な成長圏では，危機はフランスやドイツに比べてずっと小さく，弱いものであった。これら2つの地域では，14～15世紀はむしろ「変革と変貌の世紀」(R.-H. ボーチエ)あるいは「再

---

2) そうした研究に関する概観については以下の諸論を見よ。B.F. Harvey, "Introduction: the 'Crisis' of the Early Fourteenth Century," in B.M.S. Campbell (ed.), *Before the Black Death. Studies in the 'Crisis' of the Early Fourteenth Century*, Manchester, New York, 1991, pp. 4-11; J. Hatcher and M. Bailey, *Modelling the Middle Ages. England's Economic Development*, Oxford, 2001 (*The Economic History Review*, Second Series, 55, 1, 2002, pp. 186-187 も参照); K.G. Persson, *Pre-Industrial Economic Growth. Social Organization and Technological Progress in Europe*, Oxford, 1988, chapter 3, pp. 63-88. また，必ずしも中世後期に限らないものとして，J.L. Anderson, *Explaining Long-Term Economic Change* (Studies in Economic and Social History), Basingstoke-Hampshire, 1991; J.L. Van Zanden, "Een debat dat niet gevoerd werd: over het karakter van het proces van premoderne economische groei," *Tijdschrift voor de Economische Geschiedenis in Nederland*, 8, 2, 1994, pp. 77-92 を挙げたい。残念ながら L.K. Little and B.H. Rosenwein (eds.), *Debating the Middle Ages. Issues and Readings*, Malden (Mass.), Oxford には中世後期の危機についての言及はない。

3) E. Aerts & E. Van Cauwenberghe, "Die Grafschaft Flandern und die sogenannte spätmittelalterliche Depression, " F. Seibt and W. Eberhard (eds.), *Europa 1400. Die Krise des Spätmittelalters*, Stuttgart, 1984, pp. 108-115; H. Van der Wee, "The Low Countries in Transition: from the Middle Ages to Early Modern Times," H. Van der Wee (ed.), *The Low Countries in the Early Modern World* (Variorum), Aldershot–Hampshire, 1993, pp. 10-17; E. Thoen, "Economie rurale et démographie en Flandre pendant le bas Moyen Âge et le début des Temps Modernes, " E. Aerts & H. Van der Wee (eds.), *Recent Doctoral Research in Economic History* (Proceedings Tenth International Economic History Congress Leuven, August 1990) (Studies in Social and Economic History, 21), Leuven, 1990, pp. 31-39. なおこのトゥーン氏は，独自の非計量モデルにおいて「制約された」あるいは「抑制のきいた」成長について語っている。E. Thoen, *Landbouweconomie en bevolking in Vlaanderen gedurende de late Middeleeuwen en het begin van de Moderne Tijden*, Gent, 1988.

4) G. Cherubini, "La "crisi del trecento". Bilancio e prospettive di ricerca, " *Studi Storici*, 15, 3, 1974, pp. 660-670; A. Von Müller, "Zwischen "Krise" und Krisen: Italiens Gesellschaft um 1400, " F. Seibt & W. Eberhard (eds.), *Europa 1400. Die Krise des Spätmittelalters*, Stuttgart, 1984, p. 236; R.C. Mueller, "Die wirtschaftliche Lage Italiens im Spätmittelalter, " F. Seibt and W. Eberhard (eds.), *Europa 1400*, pp. 222-223.

編の時代」(J. エールス, G. フールカン) だったと捉えられるようになった[5]。他方 J. マンローは「様々なデータによれば, 連続的下降のパターンではなく, 全般的後退局面の中に上昇と下落が周期的に現れる状態期」[6] と述べ, これは広く支持される見解となっている。とはいえ, 論争と混乱とを完全になくすことは無理である。目を奪うような研究がなお数を増やしつつあるとはいえ, 世紀をまたぐ収縮や後退を引き起こしたいわゆる「主たる原因」について, 完全な見解の一致はまだ見ていない。研究者たちの注意を喚起するような要素が個別にはあるものの, 関連する要因あるいは無関係の要素, 内在的・外在的メカニズムそして必要十分条件さえもなお完全に見つけ出すことは極めて困難なのである。例えば, 戦争, 伝染病のような流行病, 飢饉, 人口と農産物のマルサス的ボトルネック, 気候変動 (小氷河期), 取引費用の存在, 財産所有権の問題, 階級関係と階級闘争, 投資の欠乏, 生産性の減退そして技術的停滞さえも取り沙汰されるのである[7]。

以上の諸見解とは全く異なって, しばしばマネタリスト陣営と不正確なレッテルをはられる一群の歴史家たちがいる[8]。彼らは貨幣論的な説明を好んで行う。おおざっぱに言えば, 貨幣の側面からする議論は 3 点に集約できる。もちろん中には貨幣的要素を全く別の要因, 例えば戦争と疫病, 商業的・

---

5) R.-H. Bautier, *The Economic Development of Medieval Europe* (Library of European Civilization), London, 1971; G. Fourquin, *Histoire économique de l'occident médiéval* (Collection U), Paris, 1979, 3rd ed.; J. HEERS, *L'occident aux XIVe et XVe siècles. Aspects économiques et sociaux* (Nouvelle Clio, 23), Paris, 1973.
6) J.H. Munro, "Patterns of Trade, Money, and Credit," Th.A. Brady, H.A. Oberman & J.D. Tracy (eds.), *Handbook of European History 1400-1600. Late Middle Ages, Renaissance and Reformation,* Leiden, New York, Cologne, 1994, vol. I, p. 153.
7) これは古典的解釈である。例えば R.H. ヒルトンは「技術革新の相対的な度合いは 1300 年以降急落した」と述べている。R.H. Hilton, "Y eut-il une crise générale de la féodalité?," *Annales, Économies, Sociétés, Civilisations*, 6, 1, 1951, p. 29.
8) 貨幣論的解釈を行う研究者全員が, フリードマンやその他のマネタリストの示す見解を支持しているわけではない。1970 年代の躍進と 1980 年代の成功の後, 今やマネタリズムは新ケインズ派や新古典派経済学によって, 新たな段階へ押し上げられたように思える。A. Rabin, *Monetary Theory*, Cheltenham, 2004.

農業的変化あるいは人口などと結びつける研究者もいるのだが[9]。最古の危機原因説では，既に14～15世紀の同時代人によって記されているように，公権力による度重なる銀貨貶質（悪鋳）が強調される。そうした貨幣操作は，ほとんどの場合コインの重量や品質低下，そして場合によってはコインの名目価値増大による実質価値の下落などであり，それらは商業に深刻なダメージを与え，賃金労働者の購買力を低下させたのである[10]。第2の貨幣説は金銀比価に関するもので，13世紀後半に複本位制が導入されたことが，続く諸世紀に甚大な経済的混乱を引き起こすこととなった，という[11]。銀貨の価値低下と相対的な金貨ストックの多さにより，特にイタリア経済が金銀交換比率の変動で悪影響を被った，とされる[12]。さて最後の第3説が最も影響力の大きいもので，中世後期の経済的危機の拡大と延長の直接的原因は，貨幣ストックおよびその流通速度の両面での急速な減退とそれによる貨幣供給量の減少にある，とされる。しかし，貨幣ストックと流通速度のいずれかあるいは双方の減退というものが本当にあったのだろうか。以下の諸章では，これらの問題に言及するとともに他の学説からする批判的検討にも光を当てることとしよう。

---

9) W.C. Robinson, "Money, Population, and Economic Change in Late Medieval Europe," *Economic History Review*, Second Series, 12, 1, 1959, pp. 63-76; H.A. Miskimin, "Monetary Movements and Market Structure-Forces for Contraction in Fourteenth- and Fifteenth-Century England," *The Journal of Economic History*, 24, 1968, pp. 470-490.

10) この点，注15と注19を見よ。また，以下も参照のこと。R. Metz, *Geld, Währung und Preisentwicklung. Der Niederrheinraum im europäischen Vergleich*: 1350-1800 (Schriftenreihe des Instituts für bankhistorische Forschung, 14), Frankfurt am Main, 1990, pp. 26-41. 貨幣操作のもたらす影響について見事な説明が，H. Van der Wee, "Monetary, Credit and Banking Systems, " E.E. Rich and C.H. Wilson (eds.), *The Cambridge Economic History of Europe*, Cambridge, London, New York, Melbourne, 1977, vol. V, pp. 291-292 で行われている。

11) それらの具体例については次を見られたい。J. Day, "Introduction, " J. Day (ed.), *Études d'histoire monétaire XIIe-XIXe siècles. Textes réunis*, Lille, 1984, p. 17.

12) C.M. Cipolla, *Studi di storia della moneta*, vol. I, *I movimenti dei cambi in Italia dal secolo XIII al XV* (Pubblicazioni della Università di Pavia. Studi nelle scienze giuridiche e sociali, 101), Padua, 1948.

2. 14〜15 世紀貨幣危機説に関する学説史的検討

中世後期の危機要因を考える際に，貨幣の動向が中軸をなすということを否定したり，貨幣と物財的要素との間の関連性に強い疑問を投げかけたりする歴史家は多数にのぼる。マルサス派，リカード派，マルクス派といった彼らは，中世後期に貨幣が主要な機能を果たし得たはずがないと単純に否認してしまう。その社会では農業労働が人口の 80% を占め，彼らの一次産業における営みがいわゆる GDP の大半を占めていたと考えるからである[13]。

しかし同時代の知識人の中にはそう考えない者も存在した。既に 1355 年には，ニコラス・オレーム（1323-1382）がその有名な著書『貨幣の起源，本質，法および貶質』において，際限なく行われる貨幣の貶質を嘆いている。彼の目には，通貨貶質によって良貨が国から駆逐され，内外の交易に大きな被害が及び，インフレと生活費の増加が起こり，ひいては非常に多くの人々の生活が脅かされる，と映っていた[14]。むろん，彼はフランスに住んでおり，そこでは貨幣の悪化政策を語るに暇がないほどであったのだが。つまり，1337 年から 1360 年の間に，少なく見積もっても 85 回の貨幣基準に変更が加えら

---

13) E. Meuthen, *Das 15. Jahrhundert* (Oldenbourg Grundriß der Geschichte, 9), München, Vienna, 1980, p. 124. 貨幣を軽視する良い例が，E. Thoen, *Landbouweconomie en bevolking*, pp. 268-270 並びに G. Bois, *Crise du féodalisme. Économie rurale et démographie en Normandie orientale du début du XIVe siècle au milieu du XVIe siècle,* Paris, 1976 である。特に前者は，1340 ページ以上にわたる大著の中で，貨幣的要素に 3 ページほどの紙幅しか割いていない。

14) Ch. Johnson, *The De Moneta of Nicholas Oresme and English Mint Documents* (Nelson's Medieval Texts), London, Edinburgh, Paris, Melbourne, Toronto, New York, 1956. この文献の仏語版が学際的チームによって上梓されている。Cl. Dupuy and F. Chartrain: *Traité des monnaies (Nicolas Oresme) et autres écrits monétaires du XIVe siècle (Jean Buridan, Bartole de Sassoferrato)*, Lyon, 1989. なお，上記ジョンソン版では触れられていないオレームの書物がかつて，王立文書館 Algemeen Rijksarchief Brussel, *Handschriftenverzameling/Manuscrits divers*, 3471 に所蔵されていたが，現在は国立図書館 Rijksbibliotheek Arbertina, *Handschriften/Manuscrits*, IV.728 に保存されている。オレームの言説について概要は，以下を参照。P. Spufford, "Oresmius, Nicolaus," M. North (ed.), *Von Aktie bis Zoll. Ein historisches Lexikon des Geldes,* München, 1995, p. 290 ; J. Quillet, "Note sur le "Traité de la première invention des monnaies" de Nicole Oresme," *L'or au moyen âge (monnaie-métal-objets-symbole)* (Senefiance, 12), Aix-en-Provence, 1983, pp. 383-388.

図表6 フランドル・グロート貨の銀品位（1300〜1465年）

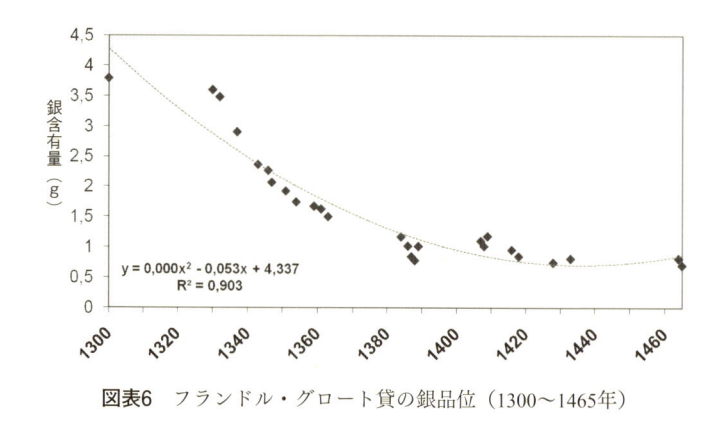

れ，そのほとんどが悪鋳であった。1354年に北仏都市ランスのサン・レミ大修道院長が「通貨の弱さのせいで」自分の修道院が貧困に沈み込んでしまう，と激しく嘆いたのも驚くには当たらない[15]。また，通貨切り下げも至る所で行われた。フランドルも例外ではない[16]（図表6）。とはいえ，当時の人々は短い間に生じる結果については特に留意したとしても，長期的趨勢には気づかなかったかも知れない[17]。実際のところ，幾つかの激しいインフレ——例えば1348年から1375年，1410年代から1440年代——を除いて，1300年から1500年の2世紀間はデフレと価格下落に彩られているのである[18]。

　先のオレームによれば，貨幣価値下落の究極的理由は同時代の支配者たち

---

15) P. Spufford, "Münzverslechterung und Inflation im Spätmittelalterlichen und Frühneutzeitlichen Europa," M. North (ed.), *Geldumlauf, Währungssysteme und Zahlungsverkehr in Nordwesteuropa 1300-1800. Beiträge zur Geldgeschichte der späten Hansezeit* (Quellen und Darstellungen zur Hansischen Geschichte, Neue Folge, 35) Cologne, Vienna, 1989, p. 110.

16) 図表6は次の研究をもとにしている。E. Aerts & H. Van der Wee, *Vlaams-Brabantse muntstatistieken 1300-1506. Deel 1. De aanmuntingsgegevens van de zilvermunten* (Postgraduate Workshop on Quantitative Economic History. Discussion Paper 80.02), K.U. Leuven, Centrum voor Economische Studiën, Leuven, 1980, passim.

17) E. Perroy, "À l'origine d'une économie contractée: les crises du XIVe siècle," *Annales, Économies, Sociétés, Civilisations*, 4, 1, 1949, p. 178. なお次の英語版も参照のこと。"At the Origin of a Contracted Economy: the Crises of the 14th Century," R. Cameron (ed.), *Essays in French Economic History*, Illinois, 1970, pp. 91-105.

に帰せられる。彼らは自分の造幣所で行う造幣業務で財政的利益を得ようとしたからである。しかしながら，結果について全く逆の説明も行われてきたことも間違いない。貨幣価値の下落には，輸出を刺激することで貿易バランスを改善する作用もあり，また手元にある貨幣の放出を促したり，商人や企業家にインフレ利益をもたらし，公的債務を小さくする効果を持ったからである[19]。貨幣欠乏に関する多くの言説や不満という点からすると[20]，上で述べた貨幣貶質は恐らく貨幣量を増加させる良い方法だったのではないだろうか？

確かに M. ブロック[21]，H. ローラン[22]，E. ペロワ[23] などフランスとベルギー

---

18) J. Day, "Crise du féodalisme et conjoncture des prix à la fin du Moyen Âge," *Annales, Économies, Sociétés, Civilisations*, 34, 2, 1979, pp. 308-312; J. Day, "The Fisher Equation and Medieval Monetary History," J. Day, *The Medieval Market Economy*, Oxford, 1987, p. 11; J.H. Munro, *Patterns of Trade*, p. 147, p. 149; N. Mayhew, "Numismatic Evidence and Falling Prices in the Fourteenth Century," *The Economic History Review*, Second Series, 27, 1, 1974, pp. 1-15.

19) C.M. Cipolla, "Currency Depreciation in Medieval Europe," *The Economic History Review*, Second Series, 15, 3, 1963, pp. 413-422, reprinted in S. Thrupp (ed.), *Change in Medieval Society. Europe North of the Alps 1050-1500* (Medieval Academy Reprints for Teaching, 72), Toronto, Buffalo, London, 1988, pp. 227-236; R. De Roover, "Le Moyen Âge face à l'histoire statistique," *Annales, Économies, Sociétés, Civilisations*, 6, 1951, pp. 31-36; D. Glassman and A. Redish, *Currency Depreciation in Early Modern England and France* (The University of British Columbia. Department of Economics. Discussion Paper 86-04), Vancouver, 1986, 28 pp. (for the period 1500-1700); H.A. Miskimin, *Money, Prices, and Foreign Exchange in Fourteenth-Century France* (Yale Studies in Economics, 15), New Haven, Londen, 1963, pp. 117-118; E. Perroy, "À l'origine d'une économie," p. 176, p. 178. 貨幣貶質に関する最良の概説については，J.H. Munro, *Wool, Cloth, and Gold. The Struggle for Bullion in Anglo-Burgundian Trade*, 1340-1478, Brussels, Toronto, 1972, pp. 14-41 を見よ。著者は後に重要なある見解に修正を加えてはいるが，中世後期の貨幣貶質に関しては自説を変えていない。

20) J.H. Munro, *Wool, Cloth and Gold*, p. 18; H.A. Miskimin, *Monetary Movements and Market*, pp. 473-475; P. Spufford, *Money and its Use in Medieval Europe*, Cambridge, etc., 1988, p. 341 (n. 1), pp.346-347.

21) M. Bloch, *Seigneurie française et manoir anglais* (Cahiers des Annales, 16), Paris, 1967, 2nd ed., p. 110 (written in 1936, first edition in 1960).

22) H. Laurent, "Crise monétaire et difficultés économiques en Flandre aux XIVe et XVe siècles," *Annales d'Histoire Économique et Sociale*, 5, 20, 1933, pp. 156-160; H. Laurent, *La loi de Gresham au moyen âge* (Travaux de la Faculté de Philosophie et Lettres de l'Université de Bruxelles, 5), Brussels, 1933, p. VII, pp. 6-8.

23) E. Perroy, "À l'origine d'une économie," p. 174.

の歴史家たちは，史料に出てくる言葉に強く感化され，また古い研究[24]に依拠したこともあって，早くも1930年代には「貨幣の飢饉」「通貨の欠乏」「貨幣不足」といった表現をしたのである。ブロックは言う。「早い話,当時の人々には，貨幣不足のせいで経済状態が非常に悪いのだという認識があった」[25]。こうした研究者たちは通貨欠乏というイメージを暗示することによって，中世後期のヨーロッパでは死亡を招く本物の飢饉だけでなく，コインが消失するという貨幣的飢饉もあったことを確たるものにしてしまったのである。しかしこれら初期世代の貨幣史家は，その思い切った主張を証明するだけの統計的証拠を提示することができなかった。そのため，他の研究者たちを納得させるまでには至らなかったのである[26]。冒頭で述べたように，国際的な論争をマルサス派とマルクス派が展開し,現物経済的要素を重視するとともに，貨幣の役割を小さく評価するか，貨幣に副次的な意義しか認めなかったのである。この状況を変えたのがJ. デイであった。彼は1978年に——それはマネタリストの絶頂期でもある——「地金大飢饉」[27]という圧倒的な論文を出し，貨幣欠乏に関する古い学説のススを払ったのである。デイの議論は多く

---

24) 例えば，E. Babelon, A. Dieudonné, A. Landry などである。

25) M. Bloch, *Esquisse d'une histoire monétaire de l'Europe* (Cahiers des Annales, 9), Paris, 1954, p. 65.

26) F. Graus, "La crise monétaire du XIVe siècle," *Revue belge de philologie et d'histoire*, 29, 1951, pp. 452-454; M.M. Postan, "Note," *The Economic History Review*, Second Series, 12, 1, 1959, p. 78. それゆえ，中世後期に貨幣供給が不十分なままにとどまった理由について，独立した純粋に貨幣論的説明は行われていない。ポスタンは，貨幣の影響を「全く従属的なもの」と述べている。M.M. Postan, *The Medieval Economy and Society*, Harmondsworth, 1972, reprint in 1981, p. 266. この点については更に以下を参照されたい。J.H. Munro, "Mint Outputs, Money, and Prices in Late-Medieval England and the Low Countries," E. Van Cauwenberghe & F. Irsigler (eds.), *Münzprägung, Geldumlauf und Wechselkurse. Minting, Monetary Circulation and Exchange Rates. Akten des 8th International Economic History Congress Section C 7 Budapest 198* (Trierer Historische Forschungen, 7), Trier, 1984, pp. 60-62, appendix A.

27) J. Day, "The Great Bullion Famine of the Fifteenth Century," *Past and Present,* 79, 1978, pp. 3-54. 追加的データが，J. Day, "The Question of Monetary Contraction in late Medieval Europe," *Nordisk Numismatisk Årsskrift/Nordic Numismatic Journal*, 1981, pp. 12-29 で示されている。いずれの論文も右の書物に収録されている。J. Day, *The Medieval Market Economy*, Oxford, 1987, pp. 1-54, pp. 55-71. また次の仏語版での収録も見よ。J. DAY, "La grande famine monétaire du XVe siècle," J. Day, *Monnaies et marchés*

の研究者から重大な疑念を投げかけられた。彼の説は貨幣という要因を強調し過ぎている，あるいはその要因しか認めていない，というのである。だが他方で著名な歴史家たちの広範な支持をも得ることとなった。それは，J. マンロー[28]，N. メイヒュー，P. ナイティンゲール，M. プレストウィッチ，M. アレンといった人々であった[29]。

3. 貨幣不足に関する諸見解

貨幣不足があったと信じる歴史家が理論的になお依拠しているのは，数学者フィッシャー（1867-1947）が 1911 年に発表した貨幣数量説，もっと言えば交換方程式である。ただそれは，実物経済の成長に貨幣量と流通速度を変数としてリンクさせるという代数学的な恒等式に過ぎない[30]。有名なあの MV=PT という式において，M は貨幣量（通貨の総量で，主に金属貨幣と移転可能な銀行預金を指す）を，V は貨幣の流通速度（フィッシャー自身の言葉を借りれば「ある種の貨幣の平均回転率」），P は全体的物価水準，そして

---

  au Moyen Age（Comité pour l'histoire économique et financière de la France），Paris, 1994, pp. 41-82; J. Day, "Contraction monétaire et déclin économique aux XIVe-XVe siècles," J. Day, *Monnaies et marchés au Moyen Age*, pp. 101-116.「地金」bullion には様々な意味がある。これについては次の研究を参照のこと。J.H. Munro, "Billon-Billoen-Billio. From Bullion to Base Coinage（An Essay in Numismatic Philology），" J.H. Munro, *Bullion Flows and Monetary Policies in England and the Low Countries*, 1350-1500（Variorum Collected Studies Series CS 355），Hampshire, 1992, no. III. なお，ここでは「地金」という言葉を，造幣前の貨幣向け金塊や銀塊の意味で使用している。

28) J.H. Munro, "Monetary Contraction and Industrial Change in the Late-Medieval Low Countries, 1335-1500," N.J. Mayhew (ed.), *Coinage in the Low Countries（880-1500）. The Third Oxford Symposium on Coinage and Monetary History*（BAR International Series, 54），Oxford, 1979, p. 95; J.H. Munro, "Bullion Flows and Monetary Contraction in Late-Medieval England and the Low Countries," J.F. Richards (ed.), *Precious Metals in the Later Medieval and Early Modern Wolds*, Durham（North Carolina），1983, p. 97, n. 1. 後者は以下の論集に採録されている。J.H. Munro, *Bullion Flows and Monetary Policies*, no. VI.

29) 本章注 18，注 54，注 87 参照。

30) I. Fisher, *The Purchasing Power of Money. Its Determination and Relation to Credit, Interest and Crises*, New York, 1911, pp. 24-55. この書物は 1922 年に完全改訂版が出されている。

Tは取引総量，ということになる。この理論的枠組みの中で議論されてきたのは，貨幣供給量の減少は，絶えざる悪鋳，貴金属（取引）の規制そして悪貨の利用を生み出し，それだけでなく，取引と投資レベルを抑制，地域によっては自給自足の導入，現物支払いあるいは物々交換といった営為を増幅させる，ということであった。

　貨幣供給の急速な落ち込みは，一連の複雑な要因にもとづいている。そのうち史料ですぐに跡づけられるのが，ヨーロッパの銀産出量の——そして，銀ほどではないが金産出量の——明白な減少である。イングランドではデヴォンとデヴォンシャーで早くも14世紀初めに貴金属産出が低落し始めた[31]。同様な状況は，ザクセンのフライブルクやサルディニアのイグレシアス銀山で1345年以降見て取ることができる[32]。その理由は，鉱物資源の枯渇と言うよりはむしろ，古代ローマ以来続いた技術の停滞と，それに引きずられた収穫逓減といった事情に求められるであろう。しかし金銀生産量の減退は，中央ヨーロッパの新鉱山開発で一部埋め合わされた。その中でも，ボヘミアはクトナ・ホラの豊かな鉱脈は間違いなく最も規模の大きいものであった。この銀山は1290年に開発され，わずか10年後にはヨーロッパ全産出量の45％を占めるに至ったのである。そして恐らく1350年頃を過ぎてこのクトナ・ホラ銀山の衰退が訪れたとき[33]，ボヘミア全体の銀産出量は，それまでの50年間で年平均20トンから30トンはあったものが，1350年から1420年には年10トンにまで落ち込んだのであった。そして，1420年から1460年の間に，ほとんど完全に生産停止状態となったのである[34]。ボスニアとセルビアの新鉱山から供給はあったものの，1440年までにはオットーマ

---

31) H.A. Miskimin, *Money, Prices, and Foreign Exchange*, p. 17.
32) J. Day, *The Fisher Equation*, p. 111; J. Day, *The Question of Monetary Contraction*, p. 29. サルディニア銀山は1365年に閉山した。
33)「チェコの史料には，クトナ・ホラの銀産出量が以前より減ったことを示す証拠は見当たらない」（F. Graus, "La crise monétaire du XIVe siècle," p. 452) というこの著者は，産出量低落開始を1400年以降と考えている。この点についてはまた，P. Spufford, *Money and its Use*, p. 343 を参照。
34) J. Janácek, "L'argent tchèque et la Méditerranée (XIVe et XVe siècles)," *Mélanges en l'honneur de Fernand Braudel*, vol. I, *Histoire économique du monde méditerranén 1450-1650*, Toulouse, 1972, pp. 245-261; J. Janácek, "České stříbro a Evropský trh drahých kovů

ン・トルコの支配が始まるため,それは一時しのぎにしかならなかった[35]。

ヨーロッパ銀の大幅な産出停滞があったとはいえ,それだけが貨幣不足を説明する要因ではない。これまで長らく多くの歴史家,例えば R. ド・ローヴァー,R. ロペス,H. ミスキミン,A. ワトソンといった人々が指摘してきたのが,支払い超過であった。つまり,14〜15世紀のヨーロッパは,北アフリカや極東のイスラム世界に対して,巨額の赤字を累積していったのだ,というのである[36]。この赤字の主な原因は貿易不均衡の結果であった。ヨーロッパでは所得分配の不均衡が拡大し(というのも伝染病の時期に土地や資産が頻繁に持ち手を代え,社会的上層の一部に消費性向を拡大する者がいたためである),高価な奢侈品——例えば,香辛料・ガラス製品・油・染料・綿製品・絹製品(サテンやヴェルヴェット,ダマスカス織など)・綴織・香水・象牙・真珠・宝石など——の輸入を促したからである。他方で,それまでヨーロッパ側が輸出向けに大規模生産していた安価な毛織物が減少するか,あるいは劇的に消滅したために[37],輸入超過状態を招くこととなった。また,貴金属の投機的な動きも影響を与えた。14世紀のヨーロッパでは君侯・為政者たちが金本位的な政策を採っていた。金が銀に比べ価値のシ

---

v první polovině 14. století " (Bohemian Silver and the European Market for Precious Metal in the First Half of the Fourteenth Century) *Historiografie Čelem k Budoucnosti. Sborník k Šedesátinám Akademika Jaroslava Purše*, Prague, 1982, pp. 549-563.

35) J.H. Munro, "South German Silver, European Textiles, Warfare, and Venetian Trade with the Levant and Ottoman Empire, c. 1370 to c. 1720: a Non-mercantilist Approach to the Balance of Payments Problem," S. Cavaciocchi (ed.), *Relazioni economiche tra Europa e mondo islamico secc. XIII-XVIII*, (Istituto Internazionale di Storia Economica "F. Datini" Prato. Atti delle "Settimane di studio" e altri Convegni, 38), Prato, Firenze, 2007, vol. II, p. 908.

36) この点に関する研究史の概観については,次を見よ。M. Balard, "Les relations économiques entre l'Occident et le Monde islamique à la fin du Moyen Âge. Quelques remarques," S. Cavaciocchi (ed.), *Relazioni economiche tra Europa e mondo islamico secc. XIII-XVIII* (Istituto Internazionale di Storia Economica "F. Datini" Prato. Atti delle "Settimane di studio" e altri Convegni, 38), Prato, Firenze, 2007, vol. I, pp. 208-213.

37) J.H. Munro, "Industrial Transformations in the north-west European textile trades, c.1290 - c.1340: economic progress or economic crisis?" B.M.S. Campbell (ed.), *Before the Black Death. Studies in the 'Crisis' of the Early Fourteenth Century*, Manchester, New York, 1991, pp. 110-139; J.H. Munro, "The Low Countries' Export Trade in Textiles with the Mediterranean Basin, 1200-1600: A Cost-Benefit Analysis of Comparative Advantages

ンボルとしてより高いという理由だけでなく，交換手段としてより効率が良く，また軍事・外交に用いる手段としても金が好まれたからである。逆に銀が相対的に稀少だったイスラム世界では，造幣政策として銀に重点を置いていた[38]。1360年以降，またとりわけ1420年から1460年の間に，商取引上あるいは投機的な動機によって，圧倒的な量の銀が，それほどでもない金とともに地金の形でレヴァント，インド，極東，中央アジアへ流出することとなった[39]。ヨーロッパ銀を吸引する主要なパイプライン役を果たしたのが，古来西方と東方とをつないできた地中海の偉大なる海洋共和国（repubbliche marinare）であった[40]。必ずしも定説ではないが，E.アシュトアの大胆な推計によれば，北イタリア（特にヴェネチアとジェノヴァ），カタルーニャと南仏の商人たちは毎年ヨーロッパから40万ドゥカトス分の金属貨幣を主にエジプトやシリアへ輸出していた。これは実に銀16.5トン以上に相当する量である[41]。他の研究者は別の数値を提示するものの[42]，貴金属輸出の量が膨大であったことについては議論の余地がない。ところで，これまでの議論

---

    in Overland and Maritime Trade Routes," *International Journal of Maritime History*, 11, 2, 1999, pp. 1-30; H. Van der Wee, "Un modèle dynamique de croissance interséculaire du commerce mondial (XIIe-XVIIIe siècles)," *Annales, Économies, Sociétés, Civilisations*, 25, 1, 1970, pp. 102-103, pp.109-110.

38) J.H. Munro, "Monetary Contraction and Industrial Change," p. 100; J.H. Munro, "Bullion Flows and Monetary Contraction," pp. 102-103, pp. 110-112; Th. Walker, "The Italian Gold Revolution of 1252. Shifting Currents in the Pan-Mediterranean Flow of Gold," J.F. Richards (ed.), *Precious Metals in the Later Medieval*, pp. 29-52.

39) H.A. Miskimin, *The Economy of Early Renaissance Europe 1300-1460*, Cambridge, London, New York, Melbourne, 1981, p. 22; J. Heers, *Gênes au XVe siècle. Activité économique et problèmes sociaux* (École Pratique des Hautes Études. VIe section. Centre de Recherches Historiques. Affaires et gens d'affaires, XXIV), Paris, 1961, pp. 64-65.

40) A. Watson, "Back to Gold – and Silver," *The Economic History Review*, Second Series, 20, 1, 1967, pp. 1-34.

41) E. Ashtor, *Les métaux précieux et la balance des payements du Proche Orient à la basse époque* (École Pratique des Hautes Études. VIe section. Centre de Recherches Historiques. Monnaies-Prix-Conjoncture, 10), Paris, 1971, p. 96; E. Ashtor, "Il volume del commercio levantino di Genova nel secondo trecento," B.Z. Kedar (ed.), *East-West Trade in the Medieval Mediterranean* (Variorum reprints), London, 1986, p. 430. 後者では30万から45万ドゥカトスと見込んでいる。なおこの点については，J. Day, "The Great Bullion Famine," pp. 6-11 も参照のこと。

ではほとんど見過ごされてきたのが,ヨーロッパ銀の別方向への流出である。それはバルト海地域で,ドイツ・ハンザの商人が貴金属を東欧へ不断にもたらしていた。貨幣や地金の銀がロシア市場で購入される特殊な商品の対価として消えていった。ロシアにもたらされた銀は在地通貨に姿を変え,退蔵されたりアジアの奢侈品輸入に使用されたりしたのである[43]。

42) 例えば,J. Day, "The Question of Monetary Contraction," p. 18 は,せいぜい貴金属30万ドゥカトス分か銀12トンほどが輸出されたに過ぎない,と述べる。ただし,これらの推計値はヴェネチア以外の商人たちによる輸出を算入していない。とはいえ,ジェノヴァからレヴァントへの輸出額は,ヴェネチアに比べればずっと少なく,しかも14世紀後半に減少することも確かである(この点に関するより詳細な数値については,E. Ashtor, "Il volume del commercio," p. 429 を参照されたい)。ところがヴェネチアの輸出量に限っても異なる数値が提起されている。例えば,R.C. Mueller, "'Chome l'uciello di passaggio': la demande saisonnière des espèces et le marché des changes à Venise au Moyen Âge," J. Day (ed.), *Études d'histoire monétaire XIIe-XIXe siècles. Textes réunis*, Lille, 1984, p. 213 は,1399年のヴェネチアからシリアへの(「銀を除いた」)金の輸出は,25万ドゥカトス分ほどだけだと主張する。また,A.M. Stahl, "European Minting and the Balance of Payments with the Islamic World in the Later Middle Ages," S. Cavaciocchi (ed.), *Relazioni economiche tra Europa e mondo islamico secc.* XIII-XVIII (Istituto Internazionale di Storia Economica "F. Datini" Prato. Atti delle "Settimane di studio" e altri Convegni, 38), Prato, Firenze, 2007, vol. II, p. 895, n. 26 は,1406〜1431年についてモロシーニ年代記の引用から,ヴェネチアのガレー船がベイルートやアレクサンドリアへ運んだ貴金属の輸出額を,最大が50万から60万ドゥカトス,平均で33万ドゥカトスと推計している。M. バラール,J.H. マンローなどの研究者たちが示すように,貴金属貨幣の輸出はガレー船だけでなく,コッゲと呼ばれる丸底船によっても行われていた。これら2種の船による輸送と15世紀末についてのアシュトアのデータを考慮に入れて,ヴェネチアの金と銀の輸出量は18,800 kg ほどになる,とマンローは結論する。J.H. Munro, "South German Silver," p. 10. これら多くの推計値がやや混乱した結果を示すのは,輸出された貴金属の純額と他の商品と合わせた価額とを,しばしば一緒にして考察することが原因となっている。F.C. レーンによるヴェネチアによるレヴァントへの貴金属輸出の推計額が,20万から60万ドゥカトスと大きく揺れているのもそれが理由である。F.C. Lane, "Exportations vénitiennes d'or et d'argent de 1200 à 1450," J. Day (ed.), *Études d'histoire monétaire*, p. 38, p. 41, table I. これらの数値については M. Balard, "Les relations économiques," p. 209 も参照。

43) A. Attman, *The Bullion Flow between Europe and the East 1000-1750* (Acta Regiae Societatis Scientiarum et Litterarum Gothoburgensis, 20), Göteborg, 1981, p. 65; M. North, *Geldumlauf und Wirtschaftskonjunktur im südlichen Ostseeraum an der Wende zur Neuzeit* (1440-1570) (Kieler Historische Studien, 35), Sigmaringen, 1990, pp. 118-119.

4. 貨幣ストックに関わる議論

　貨幣論への反対論者も絶対的な条件としてのM（貨幣）の減少を否定するわけではないが，その影響をかなり和らげるような要因が幾つか組み合さって存在したことを強調している。まず第1は，あまたの国や地域で貨幣貶質が行われ貨幣供給を増やした，という点である。確かに，貨幣貶質の後には必ず膨大な造幣が見られる[44]。貴金属不足を補うために，統治者や公的権威者は金銀の食器や装飾品，はては宝石までも溶かすよう，繰り返し強制している[45]。だがより重要な議論は，飢饉・伝染病・戦乱の複合結果として生じた人口減少である。1300年あるいは黒死病以前のヨーロッパ人口は，およそ7000万から7350万人とされる。14世紀の終わりには，それが4200万ないし4500万人に減ったのである[46]。ポスタンやその他のマルサス主義歴史家によれば，少なくとも35％あるいは40％にものぼるこの急激な人口減少は，貨幣の「相対的な」供給，つまり1人当たりの銀量を増加させたに違いない。つまり「人口減少は鉱山からの貴金属供給減少を相殺する効果をもった」のだ。ポスタンたちはまた，13世紀およびそれ以前の諸世紀には，貴金属産出量が貨幣素材の需要を大きく上回っていた，と考えた。例えば，イングランドでは紀元1000年から1300年の間に人口が3倍に増えたが，同時期に貨幣量は少なくとも11倍あるいは22.5倍にまでも増加した，と考えられているのだ[47]。1300年ないし1320年までには，「年間の新規造幣量に対

---

44) これは多くの論者によって明確に示されていることだが，議論を引き起こした右の研究はとりわけ注目に値しよう。A.J. Rolnick, F.R. Velde & W.E. Weber, "The Debasement Puzzle: an Essay on Medieval Monetary History," *The Journal of Economic History*, 56, 4, 1996, p. 790, p. 793, pp.794-795, p. 797, p. 806.

45) A.J. Rolnick, F.R. Velde and W.E. Weber, "The Debasement Puzzle," p. 792.

46) J.C. Russell, "Late Ancient and Medieval Population," *Transactions of the American Philosophical Society*. New Series, 48, 3, 1958, p. 148, table 152; J.C. Russell, "Population in Europe 500-1500," in C.M. Cipolla (ed.), *The Fontana Economic History of Europe*, vol. I, *The Middle Ages, London*, 1977, 4th print, p. 36, table I and p. 40; B.H. Slicher Van Bath, *The Agrarian History of Western Europe, AD 500-1850* London, 1966, p. 87; J.A. Van Houtte, "Europäische Wirtschaft und Gesellschaft von den großen Wanderungen bis zum Schwarzen Tod," H. Kellenbenz (ed.), *Handbuch der Europäische Wirtschafts- und Sozialgeschichte*, vol. II, *Europäische Wirtschafts- und Sozialgeschichte im Mittelalter*, Stuttgart, 1980, p. 16, p. 18.

する既存の貴金属ストック」[48] は「まさに膨大な量になっていたのである」[49]。このストックは貨幣の流通過程へすぐにも利用可能だったため，貴金属産出量の減少を十分に補うことができたであろう。

　以上の反対見解は，程度はともかく史的貨幣論者によってすべて論破されてきた。貨幣貶質が貨幣流通量を増やすのはごく短期間でしかない。長期的に見た場合，むしろそれは貴金属供給を枯渇させてしまうのだ，と[50]。貴金属が不足すると，中世後期に限らず[51]，あらゆる金属が造幣所へ送られるのは確かである。しかしそうした極端な手法は長期的な貴金属不足という問題を解決することはできない。他方で，貨幣へ回される金属の量が実際にはさほど大きくなかったことを考えると，かなりの分量の金銀が流通から引き上げられ，工芸品へ回されたのだということを認めなくてはなるまい[52]。多くの都市，例えばジェノヴァではそうした性向を嘆きつつ，幾つかの法的措置が取られたのを見て取ることができる。つまり，「貨幣となるべき大量の貴金属が，衣服や宝飾品の形で死蔵されている」というわけだ[53]。第 2 の論駁

---

47) J. Bolton, "What is money? What is a money economy? When did a money economy emerge in medieval England?," D. Wood (ed.), *Medieval Money Matters*, Oxford, 2004, p. 10.
48) M.M. Postan, "Note", p. 78, n. 1.
49) これは N.J. メイヒューが引用したポスタンの言葉である。N.J. Mayhew, *Numismatic Evidence and Falling Prices*, p. 2.
50) H.A. Miskimin, *Monetary Movements and Market*, p. 479.
51) E. Aerts & E. Van Cauwenberghe, "Organisation und Technik der Münzherstellung in den Südlichen Niederlanden während des Ancien Régime," H. Witthöft, G. Binding, F. Irsigler, I. Schneider & A. Zimmerman (eds.), *Die historische Metrologie in den Wissenschaften* (Scripta Mercaturae Verlag), St. Katharinen, 1986, p. 348, n. 37.
52) F. Lecercle, "L'or feint - Les paradoxes de l'or dans la théorie de la peinture," A. Tournon & G.-A. Pérouse, *Or, monnaie, échange dans la culture de la Renaissance. Actes du 9e Colloque International de l'Association 'Renaissance, Humanisme, Réforme' Lyon 1991*, Saint-Etienne, 1994, pp. 187-197; J.H. Munro, "Political Muscle in an Age of Monetary Famine: a Review," *Revue belge de Philologie et d'Histoire*, 64, 4, 1986, p. 746; R. Van Uytven, "Splendour or Wealth: Art and Economy in the Burgundian Netherlands," *Transactions of the Cambridge Bibliographical Society*, 10, 2, 1992, p. 112.
53) J. Heers, *Gênes au XVe siècle*, p. 65. こうした倹約規制の起源は，ジェノヴァについて 12 世紀後半に見て取ることができる。C. Kovesi Killerby, *Sumptuary Law in Italy*, 1200-1500, Oxford, 2002. また 14 世紀イングランドの倹約令については，H.A. Miskimin, *Monetary Movements and Market*, p. 487 を見よ。

は人口減少についてである。人口の大減少というのは，14世紀後半の特徴ではある。しかし，そのことが1人当たりの貴金属量を増やしたかどうかというのは，なおはっきりとしないままである。イングランドに関する最近の研究では否定的な数値が出ている。1351年の250万ないし300万の人口から1422年の250万ないし200万人の落ち込みにもかかわらず，新しい推計値によると，銀貨の1人当たり供給量は1351年の3.2～7.4シリングから1377年の1.5～6.6，そして1422年には0.7～1.3シリングへと減少しているのだ[54]。上記の期間中，人口1人当たり金の量は1351年から1357年にかけてかなり増加し，その後10年間急激に落ち込んだ後，1422年まで安定的に推移している。

　貴金属は巨大なストックの形で存在していたのだという確信は，ある程度の間，実物経済重視の研究者たちが強調する様々な議論の基盤を形成していた。そして，そうした貴金属は不滅で永続的だと考えられてきたのである。だが過去30年の間に，歴史家たちは金や銀の生命は不変ではないということに気づき始めた[55]。そして，種々の要因によって一群の貨幣が丸ごと流通から姿を消すことさえあることが分かってきた。例えば，完全に消失して回収不能な船の難破や死蔵は別としても，通常の流通過程（摩滅や欠損，旧貨の溶解による再造幣での逸失）や不法な操作（切削，切断，研磨，洗浄など）で，物量的に貨幣が劣化することがあるというのである。もちろんそうした事情での減少量を正確に把握することは不可能であるが[56]，利用できるすべての史料が[57]，相当量の金属貨幣が，「薄い空気中に消え去った」[58]という現在

---

54) M. Allen, "The volume of the English currency, 1158-1470," *The Economic History Review*, Second Series, 54, 4, 2001, p. 607.

55) この点に関し，次の研究はかなり恣意的な推計を伴っているものの，極めて独自性の高い接近を試みている。C.C. Patterson, "Silver Stocks and Losses in Ancient and Medieval Times," *The Economic History Review*, Second Series, 25, 2, 1972, pp. 202-235.

56) P. Spufford, *Money and its Use*, p. 345.

57) 史料に関する概観は，E. Aerts, "Metal Loss in the Monetary Circulation of the Southern Low Countries (Fifteenth-Eighteenth Centuries). Sources and Methods," E. Aerts, a.o. (eds.), *Studia Historica Œconomica. Liber alumnorum Herman Van der Wee, Leuven*, 1993, pp. 41-58 を参照されたい。

の見解を支持するのである。M. アーチボルドは，イギリスでは 1247 年から 1279 年の間におよそ 100 万ポンドの貨幣が散佚したと推計している。そのうち貨幣のまま退蔵された分はもちろんあるだろうが，貨幣以外への溶解や貨幣の輸出など，大半は偶発的な逸失であった[59]。

5. 流通速度の問題

ところで，貨幣供給総量は実は貨幣ストックを上回るものである。多くの歴史家は，あのフィッシャーの方程式で V（速度）と T（取引量）を不変と仮定する，極めて素朴な理論にもとづいて議論しがちである[60]。しかし「まともな理論家であれば，V（速度）が本来的に不変だと想定したり，そうすることで追及されたりするようなことがある筈もない」[61] のだ。確かに，V（速度）が M（貨幣量）より重要であることは間違いない[62]。著名な経済学者 J.K. ガルブレイスがかつて強調したとおりである。つまり，「貨幣供給だけでなくそれが使用される頻度にも注意が払われてしかるべきである。手に入れたらすぐに使う貨幣というのは，箪笥に蓄えられてしまう貨幣とは異なる効果を価格に与えるからである」と[63]。16 世紀から 18 世紀にかけての研究によれば，貨幣の流通速度 V がいかに物価 P へ強いインパクトを与えた

---

58) メイヒューの婉曲な表現を見よ。N.J. Mayhew, "Numismatic Evidence and Falling Prices," p. 3.

59) M. Allen, "The English Currency and the Commercialization of England before the Black Death," D. Wood (ed.), *Medieval Money Matters*, Oxford, 2004, p. 36.

60) E.g. W. Letwin, "Monetary Practice and Theory of the North American Colonies during the 17th and 18th Centuries," V. Barbagli Bagnoli (ed.), *La Moneta nell'economia europea secoli XIII-XVIII* (Istituto Internazionale di Storia Economica "F. Datini" Prato. Atti delle "Settimane di studio" e altri Convegni, 7), Prato, Firenze, 1981 p. 452, n. 30; J. DAY, "The Fisher Equation," p. 112; R. Metz, *Geld, Währung und Preisentwicklung*, p. 225.

61) P. Samuelson in collaboration with P. Temin, *Economics*, Tokyo etc., 1976, 10th ed., p. 287.

62) M. Perroy, "À l'origine d'une économie," pp. 170-171; 例えば E. フールニアルは，「実際のところ重要なのは，貨幣ストックの量ではなく貨幣の流通速度なのだ」という (E. Fournial, *Histoire monétaire de l'occident médiéval*, Paris, 1970, p. 117)。これは，貨幣供給量を重視するチッポラ説 (J.H. Munro, *Wool, Cloth and Gold*, p. 17) とは対照的である。

63) J.K. Galbraith, *Money. Whence It Came, Where It Went*, Harmondsworth, 1976, p. 220.

かがはっきりと分かる[64]。速度の変化は，供給量と物価[65]へ他にないほどの直接的，直線的かつ比例的な関係を持たせることを示し，また速度と物価の間には，供給量と価格以上に強い結びつきがあることも明らかにする。まさにそれ故に，ケンブリッジ学派のキャッシュ・バランス論による修正版フィッシャー方程式が有用なのであり，フリードマンによれば，それは他に比べて理論的・経験的いずれの面からも有効なのである。このケンブリッジ学派によるアプローチは，フィッシャー方程式での変数を，取引というよりはむしろ所得という形で表しており，古典的貨幣数量説の所得修正版として機能する。この場合Mはそのまま貨幣ストックを表すが，Vの方は貨幣ストックが所得形成をする際に使用される頻度として定義される。量的把握の困難な取引量Tは，Yあるいは物価一定下の実質所得に置き換えられる。加えて変数Kが導入された。これは所得に占める貨幣ストックの比率である。この比率は，キャッシュ・バランスつまり，使用するのではなく人が保蔵しようとする純粋な貨幣量を表している。そして，キャッシュ・バランスと所得となる貨幣の速度の間には逆比例関係がある。つまり変数Kは，Vの逆数に等しくなる（K=1/V）。従って，フィッシャー方程式は，M = kPy と書き換えられる。

　もちろん貨幣史論者はVが一定に留まるなどと信じているわけではない。むしろ種々の理由から，中世後期には流通速度の急速な落ち込みがあったことを強調している。貨幣の退蔵や蓄蔵[66]，特に社会的下層によるそれは，14世紀の間にあちこちで行われた戦乱によって，Kつまりストックの比率を高

---

64) A. Chabert, "Encore la révolution des prix au XVIe siècle," *Annales, Économies, Sociétés, Civilisations*, 12, 2, 1957, pp. 269-274; J.A. Goldstone, "Monetary versus Velocity Interpretations of the "Price Revolution": A Comment," *The Journal of Economic History*, 51, 1, 1991, pp. 176-181; E. Kerridge, *Trade and Banking in Early Modern England*, Manchester, 1988; J.C. Riley & J.J. McCusker, "Money Supply, Economic Growth, and the Quantity Theory of Money: France, 1650-1788," *Explorations in Economic History*, 20, 1983, pp. 274-293; J.C. Riley, "Monetary Growth and Price Stability: France, 1650-1700," *Journal of Interdisciplinary History*, 15, 2, 1984, pp. 235-254. また右の学会録における指摘も見よ。V. Barbagli Bagnoli (ed.), *La Moneta nell'economia*, p. 155.

65) R. Metz, *Geld, Währung und Preisentwicklung*, p. XXXIV. これについては，更にP. アルザンによるF. シミアンの見解の引用を参照せよ。P. Harsin, "François Simiand 1873-1935," P. Harsin, *Recueil d'Études*, Liège, 1970, p. 109.

め，Vつまり速度を低下させた。社会不安や危険性の増大は取引費用を膨らませ，商取引の停止や禁輸，そして取引，交換，交易全体の収縮が一般的となることで[67]，貨幣の動きを鈍くさせたに違いない。詰まるところ，農工業の危機が所得を全体に引き下げ，それが投資と消費を冷え込ませることとなった。しかもそのことは逆乗数効果をもたらし，消費と投資の減退以上に所得となる貨幣の流通速度を落とすこととなったのである。

実体経済重視の論者たちに再び目を転じると，彼らは，14〜15世紀全体を通じて何らかの要因が，Vを減少させるのでなく，逆にそれを相殺するほど増加させたかも知れないと注意を喚起する。その1つが「抑えきれない快楽」精神の発露であり，人々を消費と現金の支出へと駆り立てた可能性がある[68]。確かに，中世後期の富裕層にそのような振る舞いがあったことは否定できないのだ[69]。あの有名なジョヴァンニ・ボッカチオ（1313-1375）が，疫病（1348年）の発生したフィレンツェでは，いかに人々が法や慎みをかなぐりすてて酒を飲み，欲しいだけのものを食べて満足しようとしたか観察しているが，それはほんの一例に過ぎないのだ[70]。とはいえ，度を超して人目を

---

66) P. Spufford, *Money and its Use*, pp. 346-347; J.H. Munro, *Monetary Contraction and Industrial Change*, p. 103; J.H. Munro, "Introduction, " J.H. Munro, *Bullion Flows and Monetary Policies* p. xii. J. デイは，戦費の増大がVを増大させたと主張する（J. DAY, "The Fisher Equation," p. 113）。しかし筆者はその見解に与しない。その理由については，例えばメイヒューによる次の推計を見られたい。N.J. Mayhew, "Population, Money Supply, and the Velocity of Circulation in England, 1300-1700," *The Economic History Review*. Second Series, 48, 2, 1995, p. 244, table I.
67) J.H. Munro, "The 'New Institutional Economics' and the Changing Fortunes of Fairs in Medieval and Early Modern Europe: the Textile Trades, Warfare and Transaction Costs," *Vierteljahrschrift für Sozial- und Wirtschaftsgeschichte*, 88, 1, 2001, pp. 1-47.
68) H.A. Miskimin, "Monetary Movements and Market," pp. 486-488; H.A. Miskimin, "Money and Money Movements in France and England at the End of the Middle Ages," J.F. Richards (ed.), *Precious Metals in the Later Medieval*, pp. 79-96.
69) そうした状況を端的に示す史料については，とりわけ次の諸研究を見よ。J. Heers, *Gênes au XVe siècle*, p. 65, n. 2; J.H. Munro, "Bullion Flows and Monetary Contraction," p. 104, n. 23, p. 108, n. 36; R. Van Uytven, "Splendour or Wealth," p. 104.
70) T.G. Barnes & G.D. Feldman (eds.), *A documentary history of modern Europe*, Washington D.C., 1979, vol. I, pp. 29-33; J.M. Rigg, *The Decameron of Giovanni Boccaccio*, London, 1921, introduction to the first day (*prima giornata, introduzione*), vs 21.

ひくほどの状況というのは，なお富裕な人々の間にとどまっていた。そして，彼らの贅沢は一時的に貨幣の所得速度を高めたが，他方で同時にヨーロッパ外の生産物の輸入と購入を促し，貴金属の流出を増加させることともなったのである。しかも，享楽主義というのは必ずしも貨幣の退蔵や蓄蔵と矛盾しない。様々な社会層が好不況両方に巻き込まれていたという点をひとまずおいて，すべての研究者が高度に分極化した社会[71]での「両極端」や「鮮明な対比」の状況を語っている[72]。銀行の信用貨幣は，全体の流通速度を増加させるだろうか？ M. ポスタンや J. ハッチャー，J.L. ボルトンといった学者たちが，14世紀から15世紀前半には信用という金融手段が，広くかつ極めて洗練された形で利用されていたと述べたことは，正鵠を射ていたと分かる[73]。様々な種類の為替手形（cambio secco, cambio fittizio, ricorsa, cambium-recambium を含む）が一般に使用されていたことに加え[74]，様々な預金銀行，為替銀行（banchi del giro, banchi de tapeto, banchi di scritta, banchi de scripta）[75]が各地に広まっていたのである。そうした銀行では，支払いは現金ではなく通常口座間の振り替えで行われた。またほとんどの銀行で顧客に借り越しを認め，部分準備原則を利用して預金の一部を投資に回していた。こうして多

---

71) R. Van Uytven, "Splendour or Wealth," p. 105.
72) J.H. Munro, "Economic Depression and the Arts in the Fifteenth-Century Low Countries," *Renaissance and Reformation*, 19, 1983, p. 238, p. 240.
73) M.M. Postan, *The Medieval Economy*, p. 268; M.M. Postan, "Note," p. 78; M. Perroy, "À l'origine d'une économie," p. 171. ハッチャーとボルトンの業績については，P. Nightingale, "Monetary Contraction and Mercantile Credit in Later Medieval England," *The Economic History Review*. Second Series, 43, 4, 1990, p. 560, n. 6, n. 7 を参照せよ。
74) これら手形の種類については，E. Âerts, "La lettre de change sur la place financière de Bruges à la fin du Moyen Âge," G. De Clercq (ed.), *À la bourse. Histoire du marché des valeurs en Belgique de 1300 à 1990*, Paris, Louvain-la-Neuve, 1992, pp. 33-47, pp.442-444 を見られたい。
75) R. De Roover, "Early Banking before 1500 and the Development of Capitalism," *International Review of the History of Banking*, 4, 1971, pp. 2-5; R. De Roover, "New Interpretations of the History of Banking," *Journal of World History*, 2, 1954-1955, pp. 51-55; M. North, "Die Hanse und das europäische Zahlungssystem: Kreditpraktiken im internationalen Vergleich," R. Hammel-Kiesow (ed.), *Vergleichende Ansätze in der hansischen Geschichtsforschung* (Hansische Studien, 13), Trier, 2002, p. 150; W. Von Stromer, "Funktion und Rechtsnatur der Wechselstuben als Banken," *Bankhistorisches Archiv. Zeitschrift für Bankengeschichte*, 1, 1979, pp. 3-34.

くの手段で銀行は，預金と信用を創り出し，貨幣の流通速度を増加させたのである[76]。もちろんこうしたいわゆる銀行業，信用や国際金融といった革新がもたらす効果を過大評価してはなるまい。銀行破綻の連鎖や個別銀行への過大負担のため，「銀行貨幣」(moneta di banco) の普及は制約を受けた[77]。イタリア以外では，そうした銀行の存在は主要都市に限られ，イングランドやドイツ・ハンザ地域のほとんどを含め，ヨーロッパの大部分では全くと言っていいほど存在しなかった[78]。非常に大きな商業都市でさえ，銀行に口座を持っていたのは男性人口の 10% ほどに過ぎなかったのである[79]。同じことは中世後期の為替手形についても言える。それが利用されたのは，「手形中心地」(piazza di cambio) だけであり，そしてごく一部の富裕層つまり主とし

---

[76] R. De Roover, *Money, Banking and Credit in Mediaeval Bruges. Italian Merchant-Bankers, Lombards and Money-Changers. A Study in the Origins of Banking* (The Mediaeval Academy of America, 51), Cambridge (Mass.), 1948, p. 283, p. 320.

[77] P. Spufford, *Money and its Use*, p. 347.

[78] R. De Roover, "The Commercial Revolution of the Thirteenth Century," F.C. Lane & J.C. Riemersma (eds.), *Enterprise and Secular Change. Readings in Economic History*, Homewood Ill., 1953, p. 82. 金融組織のこのような欠如ゆえに，むしろイングランドでは 1436 年に近代的取引が大きく躍進することになった。この点については，マンローによる次の研究を参照されたい。J.H. Munro, "The International Law Merchant and the Evolution of Negotiable Credit in Late-Medieval England and the Low Countries," *Banchi pubblici, banchi privati e monti di pietà nell'Europa preindustriale. Amministrazione, technice operative e ruoli economici. Atti del convegno Genova, 1-6 ottobre 1990*, Genova, 1991, pp. 71-75; J.H. Munro, "Die Anfänge der Übertragbarkeit: einige Kreditinnovationen im Englisch-Flämischen Handel des Spätmittelalters (1360-1540)," M. North (ed.), *Kredit im Spätmittelalterlichen und Frühneuzeitlichen Europa*, Cologne, Vienna, 1991, pp. 57-60; J.H. Munro, "English "Backwardness" and Financial Innovations in Commerce with the Low Countries, 14th to 16th Centuries," P. Stabel, B. Blondé and A. Greve (eds.), *International Trade in the Low Countries (14th-16th Centuries). Merchants, Organisation, Infrastructure. Proceedings of the International Conference Ghent-Antwerp, 12th-13th January 1997*, Leuven, Apeldoorn, 2000, pp. 142-150; J.H. Munro, "The Medieval Origins of the Financial Revolution: Usury, Rentes, and Negotiability," *The International History Review*, XXV, 3, 2003, pp. 547-549, pp.551-552, p.562.

[79] J. Murray, *Bruges, Cradle of Capitalism, 1280-1390*, Cambridge, 2005, pp. 166-170, 176-177; P. Spufford, W. Wilkinson & S. Tolley, *Handbook of Medieval Exchange*, London, 1986, p. xxx; P. Spufford, *Money and its Use*, p. 396, n. 1. また右の 2 文献も参照されたい。E. Aerts, "Prof. R. De Roover and Medieval Banking History," *Revue de la Banque*, 8/9, 1980, p. 259; D. Nicholas, *The Metamorphosis of a Medieval City. Ghent in the Age of the Arteveldes*, 1302-1390, Leiden, 1987, p. 129.

てイタリアの「商人-金融業者」(merchant-bankers) に限られていたのである[80]。北部ヨーロッパでは，手形と商業資本の中核地であったブリュッヘでさえ，為替手形は商業流通に用いられる手段として必ずしも唯一のものでなく，また最も一般的なものでもなかった[81]。J. マンローは，かつて R. ド・ローヴァーが考えた以上に，幅広くイングランド商人が為替手形を使用していたと述べたが[82]，ヨーロッパの他地域ではもっと保守的であり[83]，約束手形直前の形態で譲渡可能な証券である「支払手形」(letters obligatory) を使い続けたのであった。為替手形と同様，これらの証券は当時自由に売買できず，後の世紀にいたって裏書きや割引などの制度が整うまでは流通に制約があった[84]。すべての専門家が認めるところでは，結局銀行貨幣は貴金属貨幣の不足を補うことはなかったのである[85]。中世ヨーロッパの経済では，「ごくわずかの例外を除いて，貨幣供給というのは金属貨幣の供給そのものであった」[86]。加えて，P. ナイチンゲールが示す明白な証拠によれば，造幣量の急減と貨幣不足の拡大が，14世紀末いかに深刻な信用収縮を招いたかが分かるのである[87]。

---

80) R. De Roover, "Early Banking before 1500," p. 7; J.H. Munro, "Patterns of Trade," p. 153.
81) J. Murray, *Bruges, Cradle of Capitalism*, p. 230, p. 236.
82) J.H. Munro, "Die Anfänge der Übertragbarkeit," pp. 45-46.
83) M. North, "Die Hanse und das europäische Zahlungssystem," p. 145, p. 147.
84) H. Van der Wee, "Monetary, Credit and Banking Systems," E.E. Rich and C.H. Wilson (eds.), *The Cambridge Economic History of Europe*, Cambridge, London, New York, Melbourne, 1977, vol. V, pp. 324-325.
85)「通説とは異なり，17世紀中葉に手形の割引や裏書きが浸透するまでは，信用や支払いの諸手段は，金属貨幣の硬直的な流通状態を補うことはなかったのである」(J. Day, "Crise du féodalisme," p. 307)。またこの点に関しては，J.H. Munro, *Wool, Cloth and Gold,* p. 15; J.H. Munro, "Monetary Contraction and Industrial Change," p. 103; J.H. Munro, "Bullion Flows and Monetary Contraction," p. 108 を見よ。
86) P. Spufford, W. Wilkinson & S. Tolley, *Handbook of Medieval Exchange*, p. xxx.
87) P. Nightingale, "Monetary Contraction and Mercantile Credit in Later Medieval England," *The Economic History Review*. Second Series, 43, 4, 1990, pp. 560-575; P. Nightingale, "England and the European depression of the mid-fifteenth century," *Journal of European Economic History*, 26, 1997, pp. 631-656; P. Nightingale. "Money and Credit in the Economy of Late Medieval England," D. Wood (ed.), *Medieval Money Matters*, Oxford, 2004, pp. 54-55.

図表7　イギリスにおける銀貨総量の計算貨幣表示（1290～1422年）

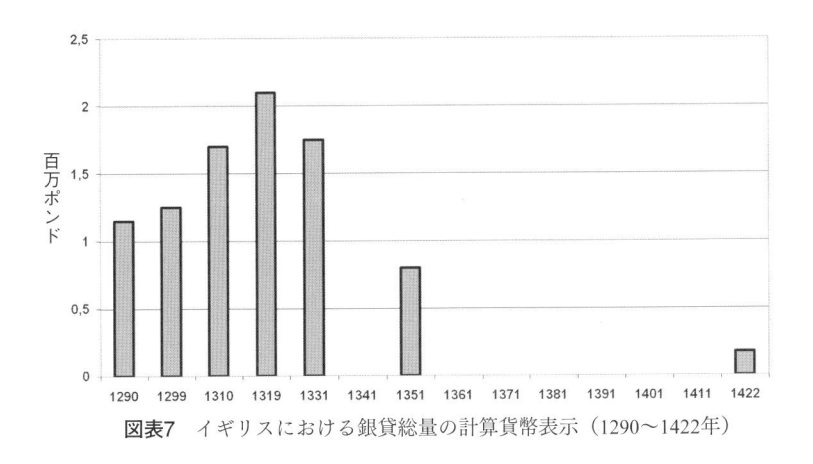

6. 貨幣不足の歴史

　中世後期ヨーロッパでの貨幣欠乏の分布図を多少なりとも正確に描くのは容易でない。貨幣ストックの状況は国によって大きく異なることをミスキミンは早くに指摘していた[88]。一国内ですら造幣量は地域的な偏差を示すのである[89]。古くからの貨幣欠乏論者（例えばW.C. ロビンソン）たちは，貨幣の収縮が14世紀には早くも始まっていたと考えていた[90]。メイヒューの見積もりによれば，イギリスの通貨量は同世紀前半に急減している[91]。そして，アレンの新推計は1320年と1330年との間に低落が始まったことを示している（多項式傾向にもとづく図表7を見よ）。1330年には地金の追加を考慮する必要があるので，実際の減少は1330年直後ということになろう[92]。フラン

---

88) H.A. Miskimin, "Le problème de l'argent au Moyen Âge," *Annales, Économies, Sociétés, Civilisations*, 17, 4, 1962, p. 1129（Reprinted in H.A. Miskimin, *Cash, Credit and Crisis in Europe, 1300-1600*（Variorum Collected Studies Series, 289）, Aldershot, Brookfield, 1989.

89) この点，N. Sussman, "The Late Medieval Bullion Famine Reconsidered," *The Journal of Economic Review*, 58, 1, 1998, p. 144, p. 151 が明快に示している。

90) M. Perroy, "À l'origine d'une économie," p. 170.

91) N.J. Mayhew, "Numismatic Evidence and Falling Prices," p. 7, p. 9, fig.1.

92) M. Allen, "The volume of the English", p. 603, table I and p. 607, table II. 通貨量減少のこの開始期は，貨幣や地金の輸出が最初に禁止され始めた時期と重なっている。H.A. Miskimin, *Monetary Movements and Market*, pp. 473-474.

図表8 1362〜1415年フランスにおける銀貨造幣総量（マルク≒244.8g）

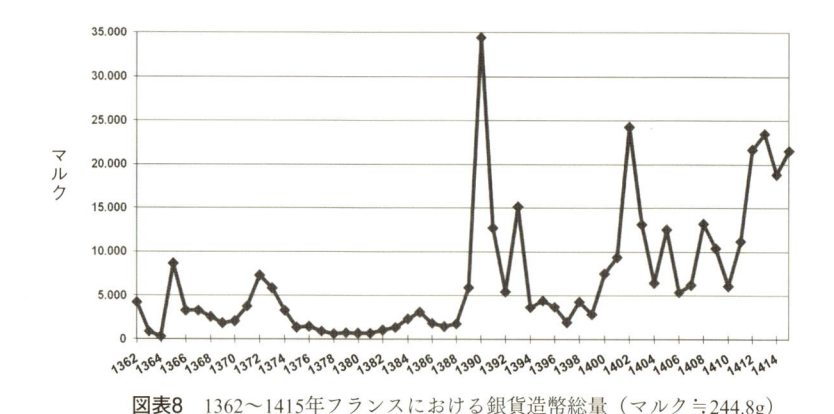

ス諸地域で銀不足を嘆く史料は14世紀前半に残されているが，幾つかの鉱山では既に13世紀末から銀生産の減少が始まっていた[93]。新鉱山を開発する試みはあったが，必ずしもすべてが成功したわけではない。局地的かつ一時的な銀貨不足がヨーロッパのあちこちで見られるようになり，その最初の兆候は，14世紀半ばのことである[94]。しかし，貴金属不足の警鐘が如何に大きくとも，ヨーロッパ各地の造幣所はいずこも1350年代と1360年代には巨大な生産量を目指していた。それ故，永続的な銀不足の出発点は1370年代のどこかとするのが適切であろう。P. スパッフォードとJ. デイは，銀欠乏の拡大が深刻な状態になるのは早くて1390年代とさえ見ているほどなのである[95]。なお不十分だがフランスに関する新しいデータによると，銀貨生産の減退はデイの言う1390年からではなく，むしろ1370年頃に始まり，そして1390年頃に再び見られたのである（図表8参照。これも多項式傾向によるが，

---

93) E. Fournial, *Histoire monétaire de l'occident*, p. 113. 最良かつ最新のデータについては，M.-C. Bailly-Maître and P. Benoît, "Les mines d'argent de la France médiévale," *L'argent au moyen âge. XXVIIIe Congrès de la S.H.M.E.S.* (*Clermont-Ferrand, 30 mai-1er juin 1997*) (Série Histoire Ancienne et Médiévale, 51), Paris, 1998, pp. 37-38 を参照されたい。
94) P. Spufford, *Money and its Use*, p. 348.
95) P. Spufford, *Money and its Use*, p. 349. J. Day, "Crise du féodalisme," p. 312. またデイは，1395年を貴金属枯渇の開始期と見ている。 J. Day, "The Question of Monetary Contraction," p. 15.

決定係数はずっと低位)[96]。この結論は，J. マンローの説におおよそ重なっている。つまり，イギリスとネーデルラント双方で貨幣量の収縮が見られるのは1370年頃から1470年代にかけてである，というのである[97]。フランドルと現オランダ地域に関するマンローの入念な推計を一部図表9に示した[98]。こうした推移は少なくとも北部ヨーロッパの重要な地域についても妥当すると考えられる。例えば，1370年以降ドイツのリューベックでは銀貨造幣量が絶対的に低下傾向を示し，ハンブルクでの造幣収入もまた1373年以降似たパターンとなっているのを見て取ることができる[99]。

　利用できる史料に照らすと，デイが言うように[100]，貨幣量についてはイタリアがよりはっきりした推移を示すように思える。北部イタリアの有力都市は1390年以降深刻な貴金属不足を経験し，市場で貨幣逼迫を緩和するために一連の政策を行うに至った。現金支払いにはプレミアムが提供され，大判の金銀貨の公的価値は上昇した。また，貴金属輸入を奨励するため免税措置などが実施され，逆に貨幣や地金の流出を防ぐべく禁輸令が施行されたのである。ミラノでは1391年に危機が表面化し，貴金属ストックの急激な減少が，通貨及び経済の困難を大きくしたのであった。この時の危機は1409〜1410年を底として1420年代まで続いた。フィレンツェでは銀貨製造が1392年に停止され，10年後にやっと再開される有様であった。15世紀初頭の貨幣量は，14世紀のそれを大きく下回っていたに違いない[101]。

　ヴェネチアは比較的恵まれた状況にあった。というのも，ヴェネチア商人たちは中央ヨーロッパやバルカン半島のやや良質な銀山へ接近することが可

---

96) N. Sussman, "*The Late Medieval Bullion Famine*," pp. 135-136, table I. 図表7と図表8とを比較参照する際には，前者が金属貨幣の流通総量を，後者が造幣量のみを示していることに留意せねばならない。

97) J.H. Munro, "Introduction," J.H. Munro, *Bullion Flows and Monetary Policies* p. xi; J.H. Munro, "Monetary Contraction and Industrial Change," p. 104, p. 139, table 2, p. 149, table 10; J.H. Munro, "Bullion Flows and Monetary Contraction," p. 121, pp. 136-147, tables 4-9.

98) 右のマンローの推計による。J.H. Munro, "Bullion Flows and Monetary Contraction," p.144, table 8.

99) M. North, *Geldumlauf und Wirtschaftskonjunktur*, p. 111, table 30, p. 114, table 31.

100) 以下の記述は多く右の研究に依っている。J. Day, "The Great Bullion Famine," pp. 23-32.

101) A.M. Stahl, "European Minting and the Balance," p. 902, fig. 4.

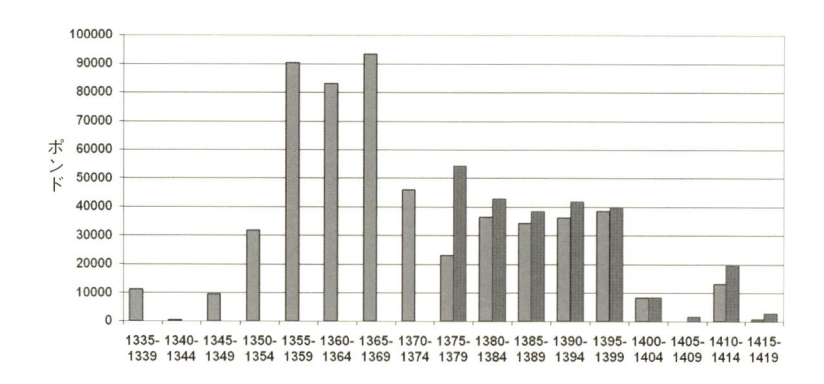

図表9 1335～1419年フランドルおよびネーデルラントにおけるグロート貨の造幣額
（計算貨幣換算値）

能だったからである[102]。とはいえヴェネチアもやがて貴金属不足に直面することは避けられなかった。既に見たように，1420年代と1430年代にセルビアとボスニアの銀山採掘は停止し，その数年後オットーマン・トルコに支配されてしまうからである[103]。ヴェネチアの《造幣所》（Zecca）研究の専門家であるA. スタールは，造幣量特に銀貨は15世紀前半に落ち込んでいるという[104]。ジェノヴァについてもその造幣所や他の所の生産量から見て，貨幣危機を見て取ることができる。ただし，ジェノヴァの場合，すべての史料が伝来しているわけでなく，ほとんどのデータが《利益》（'ricavi'）と《経費》（'costi'）を記すバランス・シートから間接的に得られていることに留意しなくてはならない[105]。とはいえ，それらは「貨幣ストックの動きを示す信頼できる指標であり」[106]，ジェノヴァの貨幣供給を量る上で現在最適の定量データである

---

102) L.B. Robbert, "Money and Prices in Thirteenth-Century Venice," *Journal of Medieval History*, 20, 1994, pp. 373-390; F.C. Lane, "Exportations vénitiennes d'or," p. 35.

103) E. Ashtor, *Les métaux précieux et la balance*, pp. 41-42; P. Spufford, *Money and its Use*, p. 333, pp. 349-350.

104) M. Stahl, "European Minting and the Balance," p.893.

105) G. Felloni, "Ricavi e costi della zecca di Genova dal 1341 al 1450," G. Felloni, *Scritti di storia economica*, vol. I, p. 538. 散在するデータについては，J. Day, "The Great Bullion Famine," pp. 28-29 を見よ。

106) J. Day, "The Question of Monetary Contraction," p. 15.

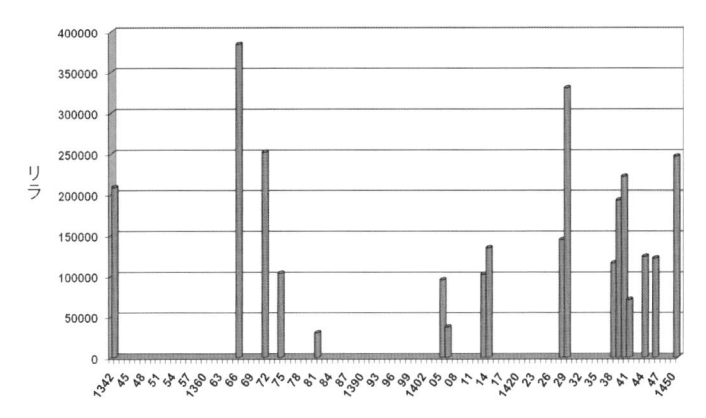

図表10 1342〜1450年ジェノヴァの造幣総量（リラ換算値）

ことは疑いないだろう。図表 10 は，1342 年から 1450 年のジェノヴァにおける造幣量をリラ換算値で示したものである[107]。リラという計算貨幣で見ると，貨幣製造量は 1370 年頃に減少し始め，1415 年まで低位のままであったことが分かる。そして，金貨と銀貨を合わせた合計値から見ても，ジェノヴァではおよそ 1370 年から 1415 年に最初の貴金属不足があったとの仮説を裏付けるのである（図表 11 参照）[108]。

貨幣不足に関するほとんどのデータは，造幣所自体に残された史料から計算ないし推計された生産高に基づいている。ここで強調せねばならないのは，貨幣供給量の数値が，造幣そのものの数値と必ずしも同じではないことである。貨幣の流通量と造幣量とが大きく異なる理由については，多くの要因を挙げることができる[109]。だが，造幣高と退蔵量を合わせて通貨量を量ることで，この差異は埋められる。残念ながらそうした推計作業は，できたに

---

107) 図表 10 は，次の研究の数値による。G. Felloni, "Ricavi e costi della zecca," pp. 549-550.
108) 図表 11 は，次の研究データに基づいている。J. Day, "The Question of Monetary Contraction," p. 23, table 1.
109) J. Day, "The Question of Monetary Contraction," p. 14; J.H. Munro, "Bullion Flows and Monetary Contraction," p. 98, p. 109, p. 112; A.M. Stahl, "European Minting and the Balance," p. 2. また特に，N.J. Mayhew, "Population, Money Supply," pp. 241-242 を参照せよ。

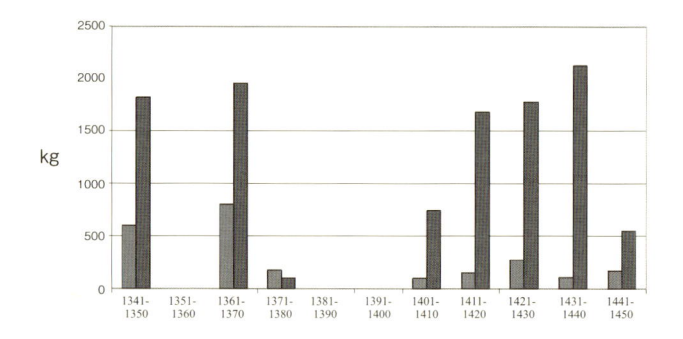

図表11 1341～1450年ジェノヴァにおける金貨（左）・銀貨（右）の造幣量（kg表示）

せよある時点での管見にとどまるのが普通で，通時的な推移を把握するにはなかなか至らない。このことを肝に銘じた上で若干の推計を試みるならば，14～15世紀には通貨総量がかなり減少していたという概観を得ることができる[110]。

最後に，14世紀末から15世紀初頭に見られる最初の貨幣大飢饉はヨーロッパ大陸にのみ限られる現象ではない。その影響は，エジプト，シリアといった近東に，果ては中国にまで及んだのである[111]。

---

110) M. Allen, "The volume of the English," p. 607, table 2, p. 608, fig. 1. なお14世紀イングランドについては更に，N.J. Mayhew, *Numismatic Evidence and Falling Prices*, p. 7, table 2, p. 9, figure 1 を見よ。また，15世紀南ネーデルラントについては，E. Aerts & H. Van der Wee, *The Leuven Coin Find of 1851 and the Currency of the Burgundian Netherlands in the Middle of the 15th Century: a Case Study* (Postgraduate Workshop on Quantitative Economic History. Mimeographed Discussion Paper 80.03), Leuven, 1980; E. Aerts, "Der Geldumlauf der Burgundischen Niederlande in der Mitte des 15. Jahrhunderts. Ein Quantitativer Versuch," M. North (ed.), *Geldumlauf, Währungssysteme und Zahlungsverkehr in Nordwesteuropa 1300-1800. Beiträge zur Geldgeschichte der späten Hansezeit*, Cologne, Vienna, 1989, pp. 25-44 を参照せよ。なお，この後者の論文は若干加筆を行った上で，本書に Appendix として掲載している。

111) E. Ashtor, *Les métaux précieux et la balance*, p. 44, p. 102; M. Cartier, "Mesure de la valeur et structure des prix dans la Chine médiévale et pré-moderne," J. Day (ed.), *Études d'histoire monétaire*, p. 154.

7. 結　論

　過去数十年にわたる論争の結果，貨幣供給量は 14 世紀を通じて低落を続け，同時代人が間違えようもないくらい貴金属不足を感じるまでに落ち込んだことが分かった。「人は死し，貨幣もまた変わらじ」[112]。複雑に絡み合うあまたの要因が，14～15 世紀ヨーロッパでなぜ貴金属貨幣不足が周期的に発生するのか，という理由を説明する。そのような「貴金属飢饉」の最初の局面は 1320 年に始まり，第 2 波は北で 1370 年に，南で 1390 年に発生，そして恐らく最も深刻な第 3 波は 1440 年に起こった。通貨量のこうした周期的低落の説明としては，ヨーロッパ鉱山の産出高減少，貴金属の不断の流出，退蔵や蓄蔵に伴う貨幣流通速度の急減などが挙げられるであろう。イタリア有力都市では，貴金属不足は北部ヨーロッパ（イングランド，フランス，ドイツ，ネーデルラント）ほど深刻ではなかったものの[113]，それでもヨーロッパの全体的な動向と全く無縁とはなり得なかった。とはいえ，中世ヨーロッパにおいて最も経済先進的だったこれらイタリア諸都市について，中世後期の貴金属不足を実証するのがこれほど困難だというのは驚きである。断片的なデータによれば，ジェノヴァでは貨幣不足が早くも 1370 年には始まり，それにずっと遅れて，ヴェネチアで供給減少が発生する。同様に，ミラノやフィレンツェでも貨幣不足はジェノヴァよりも後のことである。つまり通貨供給という点で，ジェノヴァはライバルだったヴェネチアよりも脆弱だったといえる。

---

112) 晩年の D. ハーリーの言葉。引用は，J.H. Munro, "Monetary Contraction and Industrial Change," p. 99; J.H. Munro, "Bullion Flows and Monetary Contraction," p. 100 による。ところで，N. Sussman, "The Late Medieval Bullion Famine," pp. 126-154 は，理論的な立場から貨幣論的アプローチを国際収支という視点に適用して次のように言う。ヨーロッパが近東との間で国際収支の赤字と地金不足とを同時に経験したはずがない。なぜならば，貨幣不足はその需要増大を意味しており，それは国際収支の黒字と貨幣流入を生み出すからである，と。確かにこの見解は，貨幣論的アプローチを前提とする限りは正しい。しかし別のモデルにおいては，貨幣需要の増大によって，国際収支の赤字と貨幣の流出とが容易に結びつくことが示されている。

113) F.C. Lane, "Exportations vénitiennes d'or," p.40. J. エールスに至っては，15 世紀イタリアの貴金属不足という考え自体に疑問を呈している。J. Heers, "Portugais et Génois au XVe siècle; la rivalité atlantique-méditerranée," J. Heers, *Société et économie à Gênes* (*XIVe-XVe siècles*)（Variorum reprints), London, 1979, p. 145.

APPENDIX

Der Geldumlauf der Burgundischen Niederlande in der Mitte des 15. Jahrhunderts. Ein Quantitativer Versuch[*]

> "Coin finds naturally lend themselves to mathematical treatment. How far is this justified, and how far can the results be used for drawing conclusions interesting to the economic historian?" [1]

English Summary

The theoretical fundament for many monetarist historians is the quantity theory of money and more precisely the equation of exchange as published by the mathematician I. Fisher (1867-1947) in 1911. In its well know form $MV = PT$ the M refers to the money supply or money stock (the volume of currency, mainly metallic coins, some transferable bank credits), V to the velocity of circulation, P to the general price level and T to the number or volume of transactions. Most of the evidence on M, however, is based on output figures as calculated or estimated from documents kept by the mint workshops. It should be stressed that estimates of money supply are of course something else than coinage statistics. A number of variables explain why the relationship between monetary circulation and minting could differ substantially. Frequent recoinages cause a feverish activity in the mints but add little to the quantity of money in circulation since they largely use existing coins. Minting figures do not tell us anything about the amount of money that disappeared

---

[*] E. Aerts, "Der Geldumlauf der Burgundischen Niederlande in der Mitte des 15. Jahrhunderts. Ein Quantitativer Versuch," in M. North (ed.), *Geldumlauf, Wahrungssysteme und Zahlungsverkehr in 2ordwesteuropa 1300-1800. Beitrage zur Geldgeschichte der späten Hansezeit*, Köln, Wien, 1989, pp. 25-44.

Aus dem Englischen übertragen von Prof. dr. Michael North. Für Ratschläge und Hilfe danke ich den Professoren Lucien Gillard (Paris), Peter Spufford (Cambridge) und Eddy Van Cauwenberghe (Brüssel).

[1] P. Grierson, "The Interpretation of Coin Finds," *Numismatic Chronicle*, Ser. 6, 1966, S. i.

from the circulation, nor about the average lifetime of coin types or about the quantities of foreign coins. Estimates of currency in circulation may remedy these imperfections.

It is therefore the purpose of this paper to develop a working hypothesis that allows for estimating the size of the money supply at a specific moment. The approach combines the material of coin hoards with the known mint output. It shall be demonstrated that the quantitative analysis of an important coin find can transcend purely numismatic interest and can be placed in a broader monetary and economic context. The period and the area of this paper are the Burgundian Netherlands in the middle of the fifteenth century. This choice is mainly inspired by the available documentation, but certainly is not without historical interest. At that time the Low Countries were among the most advanced economic regions in Europe.

The most important conclusion is that the official value in money of account of the money stock in the Burgundian Netherlands in 1454-1466 can be estimated at approximately 1,800.000 £. This figure seems impressive for it represented thirty times the average annual income of the Burgundian state during the reign of Philip the Good. It will come as no surprise that this figure is much lower than the value of the money stock in 1540 that fluctuated between 2,600,000 and 3,100,000 £. But the figure for 1454-1466 also lies substantially below the level of the monetary circulation in 1440 that could be estimated at 2,500,000 £. Even if one accepts that these figures are no more than rough estimates often based on audacious assumptions, the difference is too important to remain unnoticed. A plausible explanation is that the monetary circulation has contracted quite seriously between 1440 and 1460. This contraction must be associated with the European monetary famine that precisely in that period reached its peak. In the Burgundian Netherlands the bullion famine was aggravated by the Burgundian prosperity and by a negative balance of payment with the most important trading partners.

1. Einleitung

Quantitative Schätzungen des Geldumlaufs gehören zu den schwierigsten Aufgaben der Geldgeschichte. Dies liegt einerseits in dem Problem der Schätzung selbst und andererseits in der bruchstückhaften Überlieferung begründet. Die geldgeschichtliche Literatur wurde dabei lange Zeit durch die kühnen Unternehmungen geprägt, mit denen Professor Frank Spooner die französische Geldmenge zwischen 1520 und 1720 zu ermessen versuchte[2]. Spooner ging von fast vollständigen Serien französischer Münzproduktionsdaten aus und errechnete davon 30-, 40-, 50- und 60 jährig gleitenden Mittelwerte. Indem er diese Serien mit Weizen- und Roggenpreisen in Paris und Grenoble korrelierte, schloß er, daß die 30 jährig gleitenden Mittelwerte und die 60 jährig gleitenden Mittelwerte jeweils die zwei extremen Punkte in der Entwicklung der Geldmenge darstellten. Spooners Methode, die ich als intellektuelle "tour de force" ansehe, hat nicht nur das Verdienst, daß sie klar und deutlich ist, sondern auch, daß sie sich dem Geldumlauf mit Hilfe eines Verlaufsmodells annähert[3]. Leider sind mit dieser Methode auch einige Nachteile verbunden, die sich ebenfalls bei anderen Geldmengenschätzungen mit Hilfe der Spooner-Methode zeigen. So unterschätzte Spooner den Zufluß fremder Münzen, vernachlässigte größere Mengen umgeprägten Geldes und zog Gewichts- und Geprägeverluste im Geldumlauf nicht oder zu wenig in Betracht. Diese Auslassungen resultierten zum Teil aus seinen theoretischen Erwägungen; denn Spooner konzentrierte sich auf das Geldangebot und besonders auf die Münzproduktion, die in der Tat die wichtigste Quelle für eine starke Währung ist. Die moderne monetaristische Theorie dagegen betont die Nachfrage nach Geld und damit die Bargeldvorräte der Bevölkerung (= k in der sogenannten Cambridge-Version der Quantitätstheorie), die z. B. in Nachlaßinventaren, Testamenten und

---

2) F. C. Spooner, *The International Economy and Monetary Movements in France 1493-1725*, Cambridge (Mass.) 1972. Die Schätzung wurde nicht in der ersten französischen Fassung der Studie publiziert.

3) Diese kurze Beschreibung würdigt nicht den Gehalt von Spooners Argumentation, dazu in Kürze E. Aerts, "La circulation monétaire française aux XVIe et XVIIe siècles," *Revue Historique*, CCLXXX, 2, 1988, S. 395-409.

vor allem in den Münzfunden sichtbar werden[4].

Es ist das Ziel des vorliegenden Aufsatzes, eine alternative Arbeitshypothese zu entwickeln, die es ermöglicht, die Geldmenge zu einem bestimmten Zeitpunkt zu ermitteln, so daß damit die Verlaufsschätzungen der Spooner-Nachfolger verifiziert werden können. Der folgende Versuch basiert auf der Auswertung von Münzfunden und ähnelt in gewisser Hinsicht der Methode der Fund-Steuer-Analyse, die Hansheiner Eichhorn und Joachim Schüttenhelm erfolgreich für Franken und den südwestdeutschen Raum angewendet haben[5]. Außerdem soll gezeigt werden, daß die quantitative Untersuchung eines bedeutenden Münzfundes diesen in einen geld- und wirtschaftshistorischen Zusammenhang stellen kann, sofern sie über die rein numismatische Interpretation hinausgeht. Da nur wenige Münzfunde für diese Fallstudie zur Verfügung standen, hoffen wir, daß unsere Methode nicht nach der Funddokumentation beurteilt wird. Außerdem möchten wir Kollegen zur Anwendung unserer Methode einladen; hierfür kämen andere Zeiträume und andere – vielleicht bessere – Quellen in Frage, z. B. noch nicht bestimmte Münzfunde, aber auch Bargeldverzeichnisse und Nachlaßinventare. Als Untersuchungsgegenstand haben wir die Burgundischen Niederlande um die Mitte des 15. Jahrhunderts gewählt, wofür in erster Linie die Überlieferungssituation ausschlaggebend war. Jedoch tragen wir mit dieser Wahl auch dem historischen Interesse an den Burgundischen Niederlanden Rechnung, die zu dieser Zeit auf den Gebieten von Währung und Wirtschaft zu den Pionierländern des spätmittelalterlichen Europa gehörten.

---

4) D. O. Flynn, "A New Perspective on the Spanish Price Revolution: the Monetary Approach to the Balance of Payments," *Explorations in Economic History* 15, 1978, S. 392-393, 402. Allgemeiner gehalten D. E. W. Laidler, *The Demand for Money. Theories and Evidence*, London 1977².

5) Jedoch unterscheidet sich mein Ansatz von der Fund-Steuer-Analyse dadurch, daß ich die Fundauswertung mit Münzproduktionsdaten und nicht mit Steuerabrechnungen kombiniere.

2. Das Schätzverfahren

Man nimmt an, daß ein bestimmter Münzfund einen repräsentativen Ausschnitt aus der Geldmenge darstellt, und daß sich der Makrokosmos der Währung im Mikrokosmos des Fundes widerspiegelt, der somit als Stichprobe (*random sample*) dient. Der Anteil eines bestimmten Nominals wird als λ definiert (vgl. Tabelle I). Aufgrund der Prämisse der Repräsentativität können wir sicher annehmen, daß der Anteil eines Nominals im Münzfund seinem Anteil in der Geldmenge entspricht:

$$\lambda = \left(\frac{P_t}{M_t}\right) 100 \qquad (1)$$

Aus Gleichung (1) erhalten wir die Geldmenge:

$$M_t = \left(\frac{P_t}{\lambda}\right) 100 \qquad (2)$$

Da es keinen Sinn hat, die Geldmenge M_t in einer Zahl Münzen auszudrücken, schätzen wir den offiziellen Wert der Geldmenge M_t^V wie folgt:

$$M_t^V = \left(\frac{P_t^V}{\lambda}\right) 100 \qquad (3)$$

Da sowohl P_t^V als auch λ in der Gleichung bekannt sind, ist die unbekannte Variable M_t^V leicht zu berechnen. Jedoch stellt dieses Schätzverfahren hohe Anforderungen an das verfügbare Quellenmaterial.

3. Welche Quellen werden benötigt?

Für die Anwendung des Verfahrens wird ein Nominal gesucht, von dem Prägezeit, Produktionszahl und offizieller Wert bekannt sind. Daneben benötigt man einen ziemlich großen Münzfund, der vollständig konserviert und dokumentiert ist, repräsentativ für den Geldumlauf ist und der darüber hinaus aus dem Zentrum der Untersuchungsregion stammt, da in den peripheren Gebieten ausländische Münzen häufig überrepräsentiert sind. Außerdem sollte dieses Nominal einen vergleichsweise großen Anteil im Münzfund besitzen, dessen Vergrabungszeit wiederum dicht an die Produktionszeit dieser Münze heranreichen muß. Denn in der Realität war der Koeffizient λ nicht durch die Größe von P_t bestimmt, sondern durch $P_t - \Delta$ da sich die Zahl der neugeprägten Münzen durch Horten, Einschmelzen, Abnutzung, Verluste, Spekulation, negative Handelsbilanz und andere Faktoren in der Zeit zwischen Produktion und Verbergung verringerte[6]. Da Δ nicht präzis zu ermitteln ist, muß es so gering wie möglich gehalten werden. Allein wenn die Zeit zwischen Prägung und Verbergung unbedeutend ist, können wir Δ nahe Null annehmen ($\Delta \approx 0$). Wenn nicht, werden Gewichts- und Geprägeverluste P_t beeinflußt haben, und man riskiert, λ zu unterschätzen und infolgedessen M_t zu überschätzen[7]. Außerdem nimmt man an, daß Δ für alle Nominale gleich war, was aber nicht mit Sicherheit zu beweisen ist. Jedoch spricht die Tatsache, daß alle Münzen aus dem Fund aus demselben Edelmetall, annähernd gleich in Gewicht, Form und Wert geschlagen wurden, für unsere Annahme.

4. Über welche Daten verfügen wir?

Als Nominal werde ich den berühmten Löwengulden (leeuw, lion) von Philipp dem Guten benutzen. Diese Münze enthielt 4,0791 g reinen Goldes und wurde von März 1454 bis Juli 1460 geprägt. Ihr offizieller Kurs war auf 60 flämische Grote festgelegt und insgesamt wurden 1.286.979 Stücke geprägt[8]. Nach einer

---

6) Vgl. N.J. Mayhew, "Numismatic Evidence and Falling Prices in the Fourteenth Century," *The Economic History Review*, Second Series, 27, 1, 1977, S. 4-7 (Tabellen 1 und 2).

7) Vgl. Grierson zur Repräsentativität des Stockholmer Lohe Schatzes: "the coin population from which the hoard was drawn represented the sum total of mint output for the denomination involved" (P. Grierson, "The Interpretation of Coin Finds," S. iv).

8) E. Aerts, H. Van der Wee, *Vlaams-Brabantse muntstatistieken, II: De aanmuntingsgegevens van de gouden munten (1330-1506)*, Katholieke Universiteit Leuven, Centrum voor Economische Studiën, Discussion Paper 81.01, Leuven 1985, S. 68, 80, 93 sowie Tabelle III (Produktionsziffern Gesamtproduktion).

gründlichen Analyse von rund 60 Münzfunden[9] wurde der berühmte Leuvener Münzfund als Ausgangsbasis für die vorliegende Studie gewählt, und das nicht zufällig. Mit seinen 805 Stücken ist der Leuvener Fund der größte in den südlichen Niederlanden entdeckte Schatz aus dem 15. Jahrhundert. Im Gegensatz zu manchem anderen Fund aus dieser Zeit ist der Leuvener Schatz nahezu vollständig (98,4 %) erhalten[10]. Er wurde durch den Numismatiker Professor Paul Naster bestimmt und beschrieben[11], wobei der Fundort Leuven das Herz der Burgundischen Niederlande darstellte. Von seiner Zusammensetzung her kann man auf die Jahre zwischen 1454 und 1466 als Verbergungszeit des Fundes schließen[12]. Glücklicherweise fallen diese zwölf Jahre mit der Produktionszeit des Löwenguldens (1454-1460) zusammen. Hypothetisch kann die Verbergungszeit des Fundes weiter eingeengt werden, so daß die Gleichzeitigkeit zwischen Produktion und Vergrabung erfüllt ist. Wenn man nämlich die Zahl der Löwen- und der Reiterguldens[13] im Schatz und bei der Münzproduktion vergleicht, fällt das Produktionsverhältnis mit 1,21 zugunsten des Reiterguldens aus[14], während sich das Verhältnis im Schatz mit

---

9) Vgl. die Fundliste bei E. Aerts, H. Van der Wee, *The Leuven Coin Find and the Currency of the Burgundian Netherlands in the Middle of the 15th Century: a Case Study*, Katholieke Universiteit Leuven, Centrum voor Economische Studiën, Discussion Paper 80.03, Leuven 1980, S. XXXV-XXXVI.

10) A. Van Keymeulen, *Les trésors monétaires modernes trouvés en Belgique 1434-1970* (Cercle d'Études Numismatiques. Travaux 6), Brüssel 1973, S. 152-156.

11) P. Naster, "De schat van laat-middeleeuwse goudmunten gevonden te Leuven in 1851," *Scripta Nvmmaria. Contributions à la méthodologie numismatique par Paul Naster* (Société royale de Numismatique de Belgique), Leuven 1983, S. 324-342.

12) Ich bin darin sicher, u. a. deshalb, weil der Schatz viele Löwengulden (geprägt ab 1454), aber keine Andreasgulden enthält, die die Löwengulden von 1466 an ersetzten. E. Aerts, H. Van der Wee, *Vlaams-Brabantse muntstatistieken*, S. 69, 81, 94. Außerdem muß betont werden, daß die Verbergungszeit des Schatzes nicht unbedingt mit der Bildungszeit des Schatzes identisch sein muß.

13) Der Reitergulden (*rijder, cavalier*) war die erste wichtige Goldmünze Philipps des Guten. Von Oktober 1433 bis April 1447 wurden davon 1.559.264 Stücke zu 48 flämischen Grote geprägt (Feingehalt 3,5977 g). E. Aerts, H. Van der Wee, *Vlaams-Brabantse muntstatistieken*, S. 68, 79, 80, 93.

14) Als Resultat von (1.559.264 Reitergulden / 1.286.979 Löwengulden)

0,55 zugunsten des Löwenguldens gestaltet[15]. Der Unterschied von 55 %[16] liegt darin begründet, daß viele Reitergulden bereits aus der Geldmenge verschwunden waren, als der Leuvener Schatz gebildet wurde. Denn ältere Münzen kommen gewöhnlich seltener in Schätzen vor als die kurz vor der Schatzbildung oder -verbergung emittierten Münzen[17]. Nach meiner Berechnung war ungefähr die Hälfte aller geprägten Reitergulden bei der Bildung des Leuvener Schatzes nicht mehr vorhanden. Entsprechend wurde der Leuvener Schatz in enger zeitlicher Nähe zur Produktion der Löwengulden (1454-1460) gebildet und verborgen, da das Gold der Reitergulden bei der Prägung der Löwengulden Verwendung fand.

Das Wichtigste am Leuvener Schatz aber ist seine Repräsentativität für den Geldumlauf. Auf den ersten Blick erscheint diese notwendige Voraussetzung nicht erfüllt zu sein, da der Schatz ausschließlich aus Goldmünzen besteht. Die ausschließliche Präsenz von Goldmünzen ließe auf das Vermögen eines Kaufmanns, eines gewerblichen Unternehmers oder eines Bankiers schließen, der Geld für

---

15) Als Resultat von (63 Reitergulden/114 Löwengulden)
16) Oder als Resultat von [(0,55/1,21) – 1] 100
Enno Van Gelder hat am Beispiel des großen Schatzes von Amersfoort gezeigt, daß diese Berechnungsmethode realistischer ist als es vielleicht erscheinen mag. H. Enno Van Gelder, "De vondst Amersfoort 1894,"*Jaarboek voor Munt- en Penningkunde*, 42, 1955, S. 7-40. Wie der Leuvener Schatz enthielt auch der Fund von Amersfoort zwei einheimische Goldmünzen aus einer langen homogenen Münzproduktionsreihe: den Philippsgulden (1496) und den Karlsgulden (1521), von denen 3.977.596 bzw. 2.598.333 Stück geprägt wurden. H. Enno Van Gelder, M. Hoc, *Les monnaies des Pays-Bas bourguignons et espagnols 1434-1713*, Amsterdam, 1960, S. 35, 76, 77. Nach der Münzproduktion ergibt sich ein Verhältnis von 1,53 : 1, wogegen die 523 Philippsgulden und die 701 Karlsgulden des Fundes ein Verhältnis 0,75 : 1 ergeben. Entsprechend waren ca. 51 % der Philippsgulden 1540 bereits aus dem Umlauf verschwunden. Laut Enno Van Gelder befanden sich noch 2,3 Millionen Gulden im Umlauf, was 57,8 % der Produktion entspräche. Jedoch hat Spufford überzeugend argumentiert, daß der Geprägeverlust geometrischer und nicht arithmetischer Progression folgt. P. Spufford, *Monetary Problems and Policies in the Burgundian Netherlands 1433-1496*, Leiden 1970, S. 73, Anm. 1. Daher erscheinen die 57,8 % deutlich überschätzt. Mein Ergebnis weicht nur unbedeutend ab: (100-51) = 49 % !
17) Dies zeigte z. B. kürzlich Favier für die Anteile von Andreas-, Löwen- und Reitergulden in den päpstlichen Ablaßkästen. J. Favier, "Circulation et conjoncture monétaires au temps de Marie de Bourgogne," *Revue Historique*, 551, 1984, S. 11, 14, 15.

seine internationalen Handelsoperationen benötigte. Es könnte seine Goldreserve für zukünftige Investionen gewesen sein, und in diesem Fall wäre der Schatz ein *"trésor d'épargne"* gewesen, aber nicht eine Stichprobe im Sinne eines Statistikers. Jedoch spielte nicht nur der Zufall eine Rolle bei der Schatzbildung. In der ersten Hälfte des 15. Jahrhunderts nahm nämlich die Bedeutung des Goldes in der Geldmenge stark zu. Einerseits benötigte Herzog Philipp der Gute Gold für seine diplomatischen und politischen Ambitionen und förderte deshalb die Goldeinfuhr in die Niederlande durch einen hohen Goldkurs[18] ; andererseits kam afrikanisches Gold über Portugal, Südspanien und Italien sowie mitteleuropäisches durch den Rheinhandel in die südlichen Niederlande[19]. Münzproduktionsstatistiken zeigen die Bedeutung des Goldgeldes 1433-1467 und der Leuvener Fund gibt ein zuverlässiges Bild von der Dominanz des Goldes im Geldumlauf. So markieren die Jahre 1454-1460 sicherlich nicht zufällig den *"terminus a quo"* für die Datierung des Schatzes; denn in diesen Jahren erlebte die Flanderner und Brabanter Goldmünzenproduktion ihren Höhepunkt[20].

Welche Ursachen auch immer für das Fehlen von Silber- und Kupfermünzen im Leuvener Schatz verantwortlich sind, so muß doch zumindest die Frage gestellt werden, ob dadurch die Stichprobe verzerrt wird. Die Antwort auf diese Frage hat

---

18) H. Van der Wee, *The Growth of the Antwerp Market and the European Economy* (*Fourteenth–Sixteenth Centuries*), Den Haag 1963, I, S. 53, 78 ,80. H. Van der Wee, J. Materné, "De muntpolitiek in Brabant tijdens de late middeleeuwen en bij de overgang naar de nieuwe tijd," H. F. J. M. Van den Eerenbeemt (Hg.) *Bankieren in Brabant in de loop der eeuwen* (Bijdragen tot de Geschiedenis van het Zuiden van Nederland 73), Tilburg 1987, S. 53-54.

19) H. Van der Wee, "World Production and Trade in Gold, Silver and Copper in the Low Countries, 1450-1700," H. Kellenbenz (Hg.), *Precious Metals in the Age of Expansion* (Beiträge zur Wirtschaftsgeschichte 2), Stuttgart 1981, S. 79.

20) Vgl. die Statistiken in J. Munro, "Bullion Flows and Monetary Contraction in late-medieval England and the Low Countries," J. F. Richards (Hg.), *Precious Metals in the Later Medieval and Early Modern Worlds*, Durham, N. C., 1983, S. 143 (Tabelle 7) sowie die Diagramme bei P. Spufford, Monetary Problems, S. 194-195. Es sollte außerdem erwähnt werden, daß ein ausschließliches Vorkommen von Goldmünzen wie im Leuvener Schatz keine Seltenheit darstellt. Viele um die Mitte des 15. Jahrhunderts vergrabene Schätze bestanden ausschließlich aus Gold, z.B. der Fund von s'-Hertogenbosch (siehe Anm. 26).

zum Teil bereits Professor Eddy Van Cauwenberghe gegeben, als er feststellte, daß das Verhältnis von Gold- und Silbermünzen im Münzfund nicht unbedingt dem der Produktion entsprechen müßte[21]. Silber war unbedeutend in dem Leuvener Schatz, aber spielte es im Geldumlauf eine Rolle? Ich habe dazu den offiziellen Wert und die relative Zusammensetzung der Münzproduktion für die Jahre 1447-1466 berechnet (Tabelle II). Danach machten Silbermünzen wertmäßig nur 2 % der Geldmenge aus. Natürlich unterscheidet sich der gesamte Geldumlauf von der Münzproduktion; aber es gibt keine Anzeichen für einen Silbereinfluß in die Burgundischen Niederlande bis 1466. Dies war zu erwarten, da Philipp der Gute, wie erwähnt, an Gold und nicht an Silber interessiert war[22]. Entsprechend würde auch im Leuvener Schatz, wenn er Silbergeld enthalten hätte, der Silberanteil mehr als 2 % des Gesamtwerts nicht überschritten haben. Auch wenn aus diesem Grund die Geldmenge leicht unterschätzt wird, fällt das nicht ins Gewicht, denn die Unberechenbarkeit des Koeffizienten Δ führt wiederum zu einer geringfügigen Überschätzung der Geldmenge.

Insgesamt erlaubt es unsere detaillierte Untersuchung, den Leuvener Schatz als repräsentative Stichprobe des Geldumlaufs zu akzeptieren[23]. Im Rahmen dieser Arbeit möchte ich allein auf die Tatsache hinweisen, daß der Anteil einheimischer Goldmünzen im Leuvener Schatz (51 %) durch andere Funde dieser Zeit bestätigt wird[24]. In der geringen Zahl englischer Nobel spiegeln sich die politischen

---

21) E. Van Cauwenberghe, D. Haenecaert, "Mintage and Coin Circulation in the Southern Low Countries (14th-18th Centuries). Some Theoretical Reflections," E. Van Cauwenberghe, F. Irsigler (Hg.), *Münzprägung, Geldumlauf und Wechselkurse. Akten des 8th International Economic History Congress, Sektion C 7* (Trierer Historische Forschungen 7), Trier 1984, S. 167.

22) Diese Münzpolitik erfuhr eine grundlegende Veränderung unter seinem Sohn und Nachfolger Herzog Karl dem Kühnen, was uns hier aber nicht mehr interessiert, da es nach 1466 geschah. Siehe R. Van Uytven, "What is new socially and economically in the sixteenth-century Netherlands," *Acta Historiae Neerlandicae* 7, 1974, S. 20-21.

23) Detailliert bei E. Aerts, H.Van der Wee, *The Leuven Coin Find*, S. 5, 16-18, 20-25.

24) P. Spufford, *Monetary Problems*, S. 62, 68.

Spannungen zwischen England und Burgund in den Jahren 1443-1478, die geringen englischen Goldproduktionszahlen 1440-1460 sowie die englische Münzpolitik wider. Dagegen trugen die wachsenden Handelskontakte und die monetäre Wiederorientierung zum Rheinland nach 1450 zur großen Zahl deutscher Gulden (39 % aller ausländischen Münzen) im Leuvener Fund bei. Um auch den größten Skeptiker zu überzeugen, habe ich zuletzt die geographische Herkunft der Leuvener Löwengulden mit der Produktion in den verschieden niederländischen Münzstatten verglichen (Tabelle III) und fast identische Prozentzahlen erhalten. Entsprechend ist die Zusammensetzung des Leuvener Fundes als repräsentativ für die geographische Verteilung der niederländischen Münzproduktion der Jahre 1454-1460 anzusehen.

5. Resultate und weitere Korrekturen

Wenn wir nun die Variablen in die Gleichung 3 einsetzen, erhalten wir den folgenden Wert für die Geldmenge M_t:

$$M_t^V = \left(\frac{1.286.979 * 60}{14,2} \right) 100 \quad (4)$$

Dabei stellen die 1.286.979 die gesamte Löwenguldenproduktion, die 60 den offiziellen Wert (in flämischen Grote) des Löwenguldens sowie die 14,2 den Prozentanteil des Löwenguldens im Leuvener Fund dar[25].

Ein Wert von 543.793.944 flämischen Grote oder 2.265.808 Pfund (zu 240 flämischen Grote) ist ein plausibles Ergebnis, das gut zu den anderen noch zu erörternden Schätzungen paßt. Trotzdem muß das Schätzverfahren weiter verfeinert werden. Indem man λ für den Anteil der Löwengulden im Leuvener Schatz benutzt, nimmt man an, daß alle Nominale im Schatz den gleichen Wert hatten. Dies ist natürlich unrichtig und verfälscht die Schätzung. Zur Beseitung dieses Mangels

---

25) Dazu wurden die 114 Löwengulden durch die Zahl sämtlicher Münzen (805) des Schatzes dividiert (Vgl. Tabelle III und A.Van Keymeulen, *Les trésors monétaires*, S. 152).

führen wir deshalb die Variable λ' ein, die den Wertanteil der Löwengulden am Gesamtwert des Schatzes ausdrückt (vgl. Tabelle I). Dazu muß der Kurs aller Nominale in gängiger Rechenmünze bestimmt werden (vgl. Tabelle IV). Das Ergebnis (Prozentanteil 18) ist ermutigend, da es nur wenig von dem früheren Wert von λ (Prozentanteil 14,2) abweicht.

Wenn wir den neuen Wert für λ' in die Gleichung 3 einsetzen, ergibt das eine Geldmenge M_t von ca. 1.800.000 Pfund (240 flämischer) Grote:

$$M_t^V = \left(\frac{1.286.979 * 60}{18} \right) 100 = 1.787.471 \text{ Pfund} \qquad (5)$$

Wie in der Einleitung erwähnt, basiert dieses Ergebnis auf einem einzelnen Münzfund, d. h. einer einzigen Stichprobe. In der Tat steht der Gesamtwert der Geldmenge (1.787.471 Pfund) in Kontrast zu dem Wert des Fundes der 156-161 Pfund (Tabelle IV) betrug. Entsprechend sind nur 0,009 % der Geldmenge in der Stichprobe vertreten. Daher ist es von besonderer Bedeutung, daß dieses Ergebnis durch andere Quellen verifiziert werden kann. In dieser Hinsicht war der Fund von s'-Hertogenbosch im Norden des Herzogtums Brabant sehr wertvoll für die Verifizierung. Wie der Leuvener Schatz bestand auch der Fund von s'-Hertogenbosch ausschließlich aus Goldmünzen (158 Stücke). Die Verbergungszeit lag zwischen 1460 und 1465 und damit ziemlich nahe am Leuvener Münzfund. Da auch der s'-Hertogenboscher Schatz 22 Löwengulden enthielt, konnte auch hier das Schätzverfahren durchgeführt werden. λ wurde als 13,9 % ermittelt, wobei λ' nicht leicht zu bestimmen war [(22/158) *100]. Da ein Viertel der Nominale im Schatz von s'-Hertogenbosch in den Niederlanden nicht als legales Zahlungsmittel galt (*"reputez pour billon"*) und nicht valviert wurde, war der Wert dieser Münzen nur annäherungsweise über das Gewicht zu erhalten. Bei Berücksichtigung der schwankenden Werte (von 30-50 Grote) lag der Wert des Fundes von s'-Hertogenbosch zwischen 7.530 und 7.970 Grote. Davon repräsentierten die 22 Löwengulden 1.320 Grote und somit 16,6-17,5 % :

	λ	λ'
Leuvener Schatz	14,2	18
s'-Hertogenboscher Schatz	13,9	16,6-17,5

λ und λ' waren fast identisch in beiden Funden, was die Repräsentativität des Leuvener Schatzes einmal mehr bestätigt[26].

6. Der geld- und wirtschaftshistorische Zusammenhang

Der Wert der Geldmenge in den Burgundischen Niederlanden 1454-1466 erscheint beeindruckend, da der Wert von ca. 1.800.000 Pfund Grote dreißigmal größer war als die (durchschnittlichen) jährlichen Einkünfte des Burgundischen Staates zur Regierungszeit Philipp des Guten[27]. Nach den Schätzungen von Hendrik Enno Van Gelder und Peter Spufford lag der Wert der niederländischen Geldmenge im Jahre 1540 zwischen 2.600.000 und 3.100.000 Pfund Grote[28]. Die Zunahme der im Umlauf befindlichen Geldmenge in der Mitte des 16. Jahrhunderts war zu erwarten und kan leicht erklärt werden[29]. Jedoch scheint der Wert der Geldmenge

---

26) Der Fund wurde veröffentlicht von H. J. De Dompierre De Chaufepie, "Muntvondst van s'-Hertogenbosch," *Tijdschrift van het Nederlandsch Genootschap voor Munt- en Penningkunde 3*, 1895, S. 94-109. Vgl. auch P. Spufford, *Monetary Problems*, S. 204. Die Münztarife liegen im Algemeen Rijksarchief in Brüssel, Rekenkamers - Chambres des Comptes, No. 133, fol. 175v-176, 182v sowie No. 18.069, fol. 4v.

27) Nach der *"Recette générale de toutes les finances"* lagen die durchschnittlichen Jahreseinkünfte bei 353.000 Pfund zu 40 flämischen Grote. M.- A. Arnould, "Une estimation des revenus et des dépenses de Philippe le Bon en 1445," *Acta Historica Bruxellensia. Recherches sur l'histoire des finances publiques en Belgique*, Brüssel 1973, III, S. 150, 160, 216; auf Grundlage des bekannten *"état général des finances"* kommt man auf 315.700 Pfund (ebenda, S. 139, 208, 214). Dabei war Steuereinkommen nicht berücksichtigt, aber Arnould stellte fest: "si ce revenu dépassait 350.000 livres; ce ne pouvait être de beaucoup", ebenda, S. 161.

28) H. Enno Van Gelder, De vondst Amersfoort, S. 20, schätzte 18.000.000 Gulden (zu 40 flämischen Grote), aber exakt müßten es 18.770.000 Gulden sein. Vgl. P. Spufford, *Monetary Problems*, S. 73, Anm. 1.

29) Z. B. durch die geographisch-politische Expansion unter den ersten Habsburgern, das allgemeine wirtschaftliche Wachstum in den Niederlanden von 1490 an sowie durch den starken Edelmetallzustrom aus Afrika, Amerika (Antillen) und Zentraleuropa.

1454-1466 geringer gewesen zu sein als in den 1430er und 1440er Jahren. Wenn wir unser Verfahren auf das Fundmaterial von Kudelstaart (Holland) und Lille (Nordfrankreich) anwenden, dann hätte die Geldmenge um 1440 ca. 2.500.000 Pfund Grote betragen[30]. Diese Verringerung der Geldmenge zwischen 1440 und 1460 war ein Nebeneffekt und vermutlich sogar eine Folge der Edelmetallknappheit, die um die Jahrhundertmitte kulminierte und deren entfernte Auswirkungen bis nach China reichten[31]. Die Burgundischen Niederlande entkamen nicht dieser monetären Kontraktion, die durch die spezifische wirtschaftliche Situation in den Burgundischen Niederlanden noch verstärkt wurde[32]. Professor Herman Van der Wees These von der "Burgundian Prosperity" weist auf ein auf die Städte beschränktes Phänomen hin, auf die zunehmende Kaufkraft der Oberschicht und weniger Angehöriger der städtischen Mittelschicht[33]. Deren glänzender Lebensstil

---

30) In einer früheren Studie berechnete ich ausgehend von den Produktionsziffern des Reiterguldens und seines Anteils in den Funden von Kudelstaart und Lille Werte zwischen 2,6 und 2,8 Millionen Pfund Grote. E. Aerts, H. Van der Wee, *The Leuven Coin Find*, S. XXXVII (Tabelle X). P. Spufford, *Monetary Problems*, S. 66, Anm. 1, schätzte die Geldmenge 1440/41 auf etwas mehr als 2,7 Millionen Pfund, aber nannte dieses Ergebnis "probably an overestimate". Nachdem ich aber jetzt den Geldwert der Reiterguldenproduktion und ihren wertmäßigen Anteil in den Funden herangezogen habe, erhielt ich die neue Zahl von 2,5 Millionen Pfund Grote. Dabei benutzte ich die Prozentwerte von Spufford aus derselben Anmerkung: "In 1441 riders [Reitergulden] formed either just over or just under eleven per cent of the value of the Lille trésor" und "...in the Kudelstaart hoard riders formed just under eleven per cent of the value...".

31) J. Day, "Introduction," J. Day (Hg.), *Études d'histoire monétaire XIIe-XIXe siècles. Textes réunis*, Lille, 1984, S. 10-14. Ders., "The Question of Monetary Contraction in Late Medieval Europe," *Nordisk Numismatisk Årsskrift* 1981, S. 15. M. Cartier, "Mesure de la valeur et structure des prix dans la Chine médiévale et pré-moderne," J. Day, *Études d'histoire monétaire*, S. 154. Die beste Übersicht über das "Great Bullion Famine" gibt jetzt P. Spufford, *Money and its Use in Medieval Europe*, Cambridge, 1988, S. 356-362.

32) J. Day, "The Question of Monetary," S. 27 (Tabelle 3). J. H. Munro, "Political Muscle in an Age of Monetary Famine: a Review", *Revue belge de Philologie et d'Histoire* 64, 4, 1986, S. 744. J. Munro, "Bullion Flows and Monetary," S. 107, 121.

$$M_t^V = \{\left(\frac{1.375.985*48}{\pm 11}\right) 100\}/240 = 2.501.791 \text{ Pfund zu 240 Grote}$$

und verfeinerte Konsumgewohnheiten schufen eine Nachfrage nach Luxusgütern, die großenteils aus der Levante und dem Nahen Osten importiert werden müßten. Als Folge dieses einseitigen Warenverkehrs hatten die Niederlande ein chronisches Zahlungsbilanzdefizit gegenüber Italien[34], das durch die Getreideimporte aus Frankreich und dem Ostseeraum mit Sicherheit nicht verkleinert wurde[35]. Darüber hinaus befand sich das traditionelle Tuchgewerbe, der wichtigste Exportsektor der Burgundischen Niederlande, seit 1440 unwiderruflich in der Krise[36]. Die Defizite mit Italien und anderen Regionen mußten daher in harter Währung bezahlt werden, was die Münzen weiter verknappte.

Ist es reiner Zufall, daß wir gleichzeitig mit der Verringerung der Geldmenge zwischen 1440 und 1460/65 ein Absinken des allgemeinen Preisniveaus bemerken (Diagramm)[37]. Natürlich impliziert Gleichzeitigkeit nicht notwendigerweise

---

33) H. Van der Wee, *Conjunctuur en economische groei in de Zuidelijke Nederlanden tijdens de 14e, 15e en 16e eeuw* (Mededelingen van de Koninklijke Vlaamse Academie voor Wetenschappen, Letteren en Schone Kunsten van België. Klasse der Letteren 27,8), Brüssel 1965, S. 15-19.

34) R. De Roover, "La balance commerciale entre les Pays-Bas et l'Italie au quinzième siècle," *Revue belge de Philologie et d'Histoire* 37, 1959, S. 374-386. W. B. Watson, "The Structure of the Florentine Galley Trade with Flanders and England in the Fifteenth Century," *Revue belge de Philologie et d'Histoire*, 40, 1962, S 317-326. M. E. Mallett, *The Florentine Galleys in the Fifteenth Century*, Oxford, 1967, S. 133. Meine Sichtweise der Zahlungsbilanz unterscheidet sich von dem monetaristischen Ansatz, den z. B. D.O. Flynn verteidigt. D.O. Flynn, "A New Perspective," S. 388-403.

35) M.-J. Tits-Dieuaide, "The Baltic Grain Trade and Cereal Prices in Flanders at the End of the Middle Ages: Some Remarks", W. Minchinton (Hg.), *The Baltic Grain Trade. Five Essays*, Exeter 1985, S. 19. Möglicherweise wurde ein kleiner Teil dieses Defizits durch einen Überschuß im Handel mit Spanien kompensiert.

36) J.H. Munro, "Economic Depression and the Arts in the Fifteenth-Century Low Countries," *Renaissance and Reformation* 19, 1983, S. 238-239 (mit Literaturübersicht), E. Aerts, "A Description of the Economic Development of the County of Flanders in the 13th-15th Centuries," *Humboldt Universität zu Berlin. Berichte* 23, 1982, S. 38-39.

37) M.-J. Tits-Dieuaide, *La formation des prix céréaliers en Brabant et en Flandre au XVe siècle*, Brüssel 1975, S. 36. H. Van der Wee, "Prices and Wages as Development Variables: a Comparison between England and the Southern Netherlands, 1400-1700", *Acta Historiae Neerlandicae*, 10, 1977, S. 75 (Diagramm I). E. Thoen, *Landbouwekonomie en bevolking in*

Kausalität[38], und ich behaupte auch nicht, daß der Faktor Geld die einzige oder die wichtigste Erklärung für den Preisrückgang darstellt. Jedoch zeigen beide Entwicklungen, daß man die Veränderungen von Preisen, Löhnen, Renteneinkünften etc. apriori nicht allein mit Bevölkerungsbewegungen (Neomalthusianisches Modell) oder durch Klassenkonflikte innerhalb der feudalen Produktionsweise (Marxistisches Modell) erklären sollte, sondern daß auch die ökonomischen und sozialen Folgen von Deflation und Inflation Berücksichtigung finden müssen[39]. Zwischen 1440 und 1460/65 könnte das Absinken des Preisniveaus mit einem deflatorischen Prozeß zusammenhängen, der durch eine verringerte Geldmenge und damit durch die zunehmende Kaufkraft des Edelmetalls ausgelöst wurde[40].

Vlaanderen gedurende de late middeleeuwen en het begin van de Moderne Tijden. Testregio: de kasselrijen van Oudenaarde en Aalst, Ghent 1988, I, S. 249, 265, II, S. 1032.

38) Korrekt festgestellt von E. Thoen, *Landbouwekonomie en bevolking*, I, S. 269. Vgl. bereits E. Aerts, E. Van Cauwenberghe, "Die Grafschaft Flandern und die sogenannte spätmittelalterliche Depression," F. Seibt, W. Eberhard (Hg.), *Europa 1400. Die Krise des Spätmittelalters*, Stuttgart 1984, S. 111.

39) Sogar Erik Thoen, der sicherlich nicht monetaristischer Sympathien verdächtigt werden kann, zieht die Verbindung von Geldmenge und Preisniveau in Betracht. Seine Zweifel hinsichtlich eines kausalen Zusammenhangs zwischen beiden Phänomene werden durch die nicht sonderlich aussagekräftigen Korrelationen gestützt, die bei J. Munro, "Bullion Flows and Monetary Contraction," S. 109-110, veröffentlicht sind. E. Thoen *Landbouwekonomie en bevolking*, I, S. 269, Anm. 2. Jedoch impliziert Dr. Thoens Argument eine zu einfache Sicht der Fisher-Gleichung. So sind die Monetaristen überhaupt nicht überrascht, wenn sich Geldmenge und Preise in gleicher Richtung bewegen, ohne dabei aber genau übereinzustimmen. Vgl. J. Munro, "Bullion Flows and Monetary Contraction," S. 109. Außerdem halte ich trotz meines Glaubens an die enge Verbindung von Preisen und Geldmenge den Faktor Geld nicht unbedingt für die einzige oder die wichtigste Ursache der sogenannten spätmittelalterlichen Depression. Vgl. die letzte Bemerkung C. Dyers in seiner Rezension von J. Day, *The Medieval Market Economy*, Oxford 1987 in *The Economic History Review. Second Series*, 41, 1988, S. 484. Diese mache ich mir zu eigen, siehe z. B. E. Aerts, E. Van Cauwenberghe, "Die Grafschaft Flandern," S. 111.

40) Das Phänomen von deflationären Preisen begleitet von sinkenden Zinsen könnte die Bevölkerung zum Sparen und zur Steigerung ihrer Bargeldvorräte angeregt haben. Siehe H. Van der Wee, *The Growth of the Antwerp Market*, III, S. 80 (Diagramm 34). Entsprechend hätte k zugenommen und die Umlaufgeschwindigkeit wäre zurückgegangen. Wenn M und V (linke Seite der Fisher-Gleichung) abnahmen und die Produktion auf der rechten Seite ebenfalls zurückging, mußten die Preise in Übereinstimmung mit der volkswirtschaftlichen

Mein Beitrag zeigt große Sympathie für die monetaristischen Argumente in der Diskussion über die spätmittelalterliche Preisentwicklung, und er hofft, die Anhänger dieser Schule davon zu überzeugen, daß sie in ihren Korrellationen Geldmengenschätzungen anstelle von Münzproduktionsziffern verwenden. Wie David Metcalf einst sagte: "the two can be very different"[41].

Theorie fallen. Bedeutende Historiker wie Professor Raymond De Roover wiesen der Ausweitung des Bank- oder Giralgeldes (*moneta di banco*) im Spätmittelalter große Bedeutung zu. Vor allem die lokalen Wechsler schufen zusätzliche Kaufkraft, Kredit und inflationäre Effekte, wodurch die Umlaufgeschwindigkeit zunahm. Daß diese Sichtweise eine nicht belegte Verallgemeinerung darstellt, habe ich an anderer Stelle nachgewiesen. E. Aerts, "Prof. R. De Roover and medieval Banking History," *Revue de la Banque* 8-9, 1980, S. 259-260. Siehe in diesem Zusammenhang ebenfalls P. Spufford, *Money and its Use*, S. 395-396.

41) *Faute de mieux* beruhen die statistischen Belege über die Edelmetallknappheit und deren Einfluß auf die Preisentwicklung fast ausschließlich auf Münzproduktionszahlen. Vgl. J. Munro, "Bullion Flows and Monetary Contraction," S. 98, 109, 112. Das ausführliche Zitat von Metcalf lautet: "the historian who is interested, for example, in prices as an index of economic change, will wish to know the size of the money-supply, not the volume of mint-output. The two can be very different". D.M. Metcalf, "What has been achieved through the Application of Statistics to Numismatics? C. Carcassonne, T. Hackens (Hg.), *Statistics and Numismatics. Statistique et Numismatique* (Pact, 5), Strasbourg, 1981, S. 15.

Tabelle I Verzeichnis der Symbole

λ Anteil eines Nominals (Münze) in einem Münzfund (in %)
= (Zahl eines Nominals im Fund / Gesamtzahl aller Münzen im Fund) 100

Mt   Geldmenge in der Zeit t

M_t^V Wert der Geldmenge in Rechnungsmünze in der Zeit t

Pt   Gesamtproduktion eines Nominals in der Zeit t

P_t^V Wert der Gesamtproduktion eines Nominals in Rechnungsmünze in der Zeit t

λ '   Anteil des Wertes eines Nominals (Münze) am Gesamtwert eines Münzfundes (in %) = (Gesamtwert eines Nominals im Fund / Gesamtwert des Fundes) 100

$$\lambda = \left(\frac{P_t}{M_t}\right) 100 \qquad \lambda' = \left(\frac{P_t^V}{M_t^V}\right) 100$$

$$\downarrow \qquad \text{Oder} \qquad \downarrow$$

$$M_t = \left(\frac{P_t}{\lambda}\right) 100 \qquad M_t^V = \left(\frac{P_t^V}{\lambda'}\right) 100$$

Tabelle II Wert und Zusammensetzung der Münzproduktion in den Burgundischen Niederlanden (1447-1466)

Goldmünzen			Silber- und Kupfermünzen		
Nominal	Wert (a)	%	Nominal	Wert (a)	%
Löwengulden	321.745	94,5	2 Grote	3215	0,95
2/3 Löwengulden	7.425	2,2	1/2 Grot	747-1372 (b)	0,3
1/3 Löwengulden	4.578	1,3	1/4 Grot	1476	0,4
			1/6 Grot	26	0,01
			1/8 Grot	87	0,03
			1/12 Grot	551	0,2
			1/24 Grot	340	0,1
Insgesamt	333.748	98	Insgesamt	6442-7067	2

Quelle: E. Aerts, "De monetaire circulatie van de Bourgondische Nederlanden in het midden van de 15de eeuw, "*Album Carlos Wyffels. Aangeboden door zijn wetenschappelijke medewerkers. Offert par ses collaborateurs scientifiques*, Brüssel 1987, S. 17-19, Tabelle III und IV.

(a) In Pfund Grote

(b) Möglicherweise wurden 300.000 1/2 Grote in Dordrecht zwischen 1463 und 1465 geprägt (300.000 1/2 Grote = 625 Pfund).

Tabelle III   Anteil der Münzstätten der Löwenguldenproduktion und deren Verteilung im Leuvener Schatz

Münzstätten	Zahl der Löwengulden im Fund (1)	Gesamtproduktion (2)	Verteilung im Fund (in %)	Anteile an der Produktion (in %)
Flandern	54	569.659	47,4	44,3
Brabant	32	388.517	28,0	30,2
Hennegau	22	260.683	19,3	20,2
Holland	6	68.120	5,3	5,3
insgesamt	114	1.286.979	100	100

Quellen:

(1) P. Naster, "De schat van laat-middeleeuwse goudmunten," S. 338.

(2) P. Spufford, *Monetary Problems*, S. 187, 188, 189 und 191.

Tabelle IV Offizielle Kurse der Nominale des Leuvener Schatzes

Nominal	Zahl	Kurse in fläm. Grote Jan. 1454	Jan. 1459	Mai 1466	Jan. 1466	Gesamtwert in Grote	λ'
Tournai Kronen	175	49,5-54,5	49,5-54,5	49,5-54,5	49,5-54,5	8662-9583	23,9
Deutsche Gulden	153	39	40	41	41	5967-6273	16,1
Löwengulden	114	60	60	60	60	6840	18
Petergulden	113	–	–	38	38	4294	11,3
Holländische Schilden	102	–	–	42	42	4284	11,3
Reitergulden	66	51	52	52	52	3366-3432	8,9
Französische Salute	34	49	50	50	50	1666-1700	4,4
Engl. Nobel	16	98	100	100	100	1568-1600	4,2
Französische Krone	6	48	48	49	49	288-294	0,8
2/3 Löwengulden	6	40	40	40	40	240	0,6
Flandrische Schilde	3	–	–	30	30	90	0,2
Brabanter Schild	1	–	–	–	40	40	0,1
Franz. Schild	1	48	48	49	49	48-49	0,1
Holländische Gulden	1	–	–	–	–	?	?
Lütticher Gulden	1	–	–	–	–	?	?

Quelle: E. Aerts, "De monetaire circulatie," S. 20 und 21.

著者紹介

エーリック・アールツ（Erik AERTS）

1954 年生まれ
1986 年 9 月〜 2001 年 5 月　ブリュッセル国立文書館第一研究員〜主任研究員
2001 年 6 月〜 2004 年 9 月　アントウェルペン国立文書館館長
1999 年 10 月〜 2004 年 9 月　カトリック・レウヴェン大学歴史学科兼任教授
　　　　　　　　　　　　　　（中世社会経済史専攻）
2004 年 10 月〜現在　　　　　同上　主任教授（社会経済史専攻）

1988 年　カトリック・レウヴェン大学博士号（Ph.D.）取得
　　　　学位論文： *Bier, Brouwers en Brouwerijen in Lier. Institutionele, sociale en economische aspecten van een stedelijke industrie tijdens de late middeleeuwen en de nieuwe tijd*（*1400-1800*）(4 vols., 1255 pp.)

近年の業績

Statistiek in de mediëvistiek. Een balans van een halve eeuw onderzoek in België, *Jaarboek voor Middeleeuwse Geschiedenis*, 10, 2007, pp. 254-294.
Historici over bankiers in het middeleeuwse Brugge, in D. Jaspers and Ph. Vermoortel (eds.), *Bedrijf & Taal. Opstellen voor Wilfried Janssens. Business & Language. Essays in Honour of Wilfried Janssens,* Peeters, Leuven, 2009, pp. 49-73.
Would the real Lion of Flanders please stand up? Hendrik Conscience and Robert of Béthune, D. Vanysacker, P. Delsaerdt, J.-P Delville and H. Schwall (eds.), *The Quintessence of Lives: Intellectual Biographies in the Low Countries presented to Jan Roegiers* (Bibliothèque de la Revue d'histoire ecclésiastique), Brepols Publishers, Turnhout, 2009, pp. 359-378.
Economische interventie van de centrale staat in de Spaanse en Oostenrijkse Nederlanden (1555-1795), S. Dubois and J.-M. Yante (eds.), *Gouvernance et administration dans les provinces belgiques du XVIe au XVIIIe siècle*, Archief- en Bibliotheekwezen, Brussel, 2010, pp. 107-142.

監訳者紹介

藤井美男（ふじい・よしお）

1956 年生まれ。九州大学大学院経済学研究院教授。（単著）『中世後期南ネーデルラント毛織物工業史の研究——工業構造の転換をめぐる理論と実証——』（九州大学出版会, 1998 年）。藤井美男・田北廣道（編著）『ヨーロッパ中世世界の動態像——史料と理論の対話——森本芳樹先生古稀記念論集——』（九州大学出版会, 2004 年）。（単著）『ブルゴーニュ国家とブリュッセル——財政をめぐる形成期近代国家と中世都市——』（ミネルヴァ書房, 2007 年）。（論文）「中世都市ブリュッセルの市政構造——第三会派の形成と変容に至る過程——」『経済学研究』（九州大学）第 74 巻第 1 号, 2007 年 , 他。

〈アールツ教授講演会録2〉
中世ヨーロッパの医療と貨幣危機
──ある君主の検屍報告と貨幣不足問題の分析──

2010年3月25日　初版発行

著　者　エーリック・アールツ
監訳者　藤　井　美　男
発行者　五十川　直　行
発行所　(財)九州大学出版会
　　　〒812-0053　福岡市東区箱崎 7-1-146
　　　　　　　　　　　　　九州大学構内
　　　　　電話　092-641-0515（直通）
　　　　　振替　01710-6-3677
　　　　　印刷／大道印刷㈱　製本／篠原製本㈱

©2010 Printed in Japan　　　　ISBN978-4-7985-0014-0

アールツ教授講演会録

中世末南ネーデルラント経済の軌跡
―― ワイン・ビールの歴史からアントウェルペン国際市場へ ――

エーリック・アールツ／藤井美男 監訳　　A5判　96頁　1,500円

中世から16世紀までの南ネーデルラントの経済的発展と社会的成長について語られた連続講演会の邦訳集。ヨーロッパ史の中でも最も輝かしい光芒を放ったネーデルラント社会経済の光と影を活写する。

<主要目次>

第Ⅰ章　中世ヨーロッパにおけるワインとビールの消費について
　　　　―― 通連管的関係か ――
　　選ぶのはワインかビールか／大衆飲料としてのセルヴォワーズビール／中世の発明品：ビール／ますます高級品となるワイン／ワインにビールが取って代わる／結論

第Ⅱ章　中世後期―近世初期ヨーロッパにおける為替取引
　　　　―― 南ネーデルラント起源の方法と概念について ――
　　はじめに／ヨーロッパにおける経済的前史／陸路交易の衰退とブリュッヘの隆盛／為替の起源／為替業務について／ブリュッヘの終焉／アントウェルペン商業の勃興／金融市場の成長／商業・金融施設の建築／アントウェルペンの影響とイタリアの遺産

第Ⅲ章　カール5世紀南ネーデルラントの経済と社会
　　はじめに／指標としての人口成長／農業生産力の増大／農村工業と都市工業／アントウェルペンが支配する交易／購買力／経済・社会的不均等／伝統と革新／結論

（表示価格は本体価格）

九州大学出版会